Zhongguo Wenhua
Zhishi Duben

中国文化知识读本

主编　金开诚

编著　王荣珍

吉林出版集团有限责任公司

吉林文史出版社

理学集大成者——朱熹

**图书在版编目（CIP）数据**

理学集大成者——朱熹 / 王荣珍编著 .一长春：
吉林出版集团有限责任公司：吉林文史出版社，2009.12（2022.1重印）
（中国文化知识读本）
ISBN 978-7-5463-2009-0

Ⅰ.①理… Ⅱ.①王… Ⅲ.①朱熹（1130～1200）-
生平事迹 Ⅳ.① B244.7

中国版本图书馆 CIP 数据核字（2009）第 237346 号

# 理学集大成者——朱熹

LIXUEJI DACHENGZHE ZHUXI

主编/ 金开诚　编著/王荣珍

责任编辑/曹恒　于涉　责任校对/王凤翎

装帧设计/曹恒　摄影/金诚　图片整理/王贝尔

出版发行/吉林文史出版社　吉林出版集团有限责任公司

地址/长春市人民大街4646号　邮编/130021

电话/0431-86037503　传真/0431-86037589

印刷/三河市金兆印刷装订有限公司

版次/2009 年 12 月第 1 版　2022 年 1 月第 3 次印刷

开本/650mm×960mm　1/16

印张/8　字数/30千

书号/ ISBN 978-7-5463-2009-0

定价/34.80元

## 关于《中国文化知识读本》

文化是一种社会现象，是人类物质文明和精神文明有机融合的产物；同时又是一种历史现象，是社会的历史沉积。当今世界，随着经济全球化进程的加快，人们也越来越重视本民族的文化。我们只有加强对本民族文化的继承和创新，才能更好地弘扬民族精神，增强民族凝聚力。历史经验告诉我们，任何一个民族要想屹立于世界民族之林，必须具有自尊、自信、自强的民族意识。文化是维系一个民族生存和发展的强大动力。一个民族的存在依赖文化，文化的解体就是一个民族的消亡。

随着我国综合国力的日益强大，广大民众对重塑民族自尊心和自豪感的愿望日益迫切。作为民族大家庭中的一员，将源远流长、博大精深的中国文化继承并传播给广大群众，特别是青年一代，是我们出版人义不容辞的责任。

《中国文化知识读本》是由吉林出版集团有限责任公司和吉林文史出版社组织国内知名专家学者编写的一套旨在传播中华五千年优秀传统文化，提高全民文化修养的大型知识读本。该书在深入挖掘和整理中华优秀传统文化成果的同时，结合社会发展，注入了时代精神。书中优美生动的文字、简明通俗的语言、图文并茂的形式，把中国文化中的物态文化、制度文化、行为文化、精神文化等知识要点全面展示给读者。点点滴滴的文化知识仿佛颗颗繁星，组成了灿烂辉煌的中国文化的天穹。

希望本书能为弘扬中华五千年优秀传统文化、增强各民族团结、构建社会主义和谐社会尽一份绵薄之力，也坚信我们的中华民族一定能够早日实现伟大复兴！

# 目录

朱熹

1130 — 1200

一　朱熹其人

朱熹像

朱熹（1130—1200年）字元晦，一字仲晦，号晦庵，别称紫阳，婺源（今江西婺源县）人，南宋哲学家、教育家。

## （一）少时聪慧 天赋禀异

中国人有喜欢神化伟人的传统，所以，大凡伟人降生总会出现吉祥的征兆。朱子的出世，则被人与吉祥的紫气联系在一起。据说，朱子诞生的那一天，在朱氏故居婺源老屋的一口井中，突然升起的紫色雾气不断上升，在天空中凝成一片美丽的彩云，直到朱熹降生才慢慢散去。这口预兆着吉祥的古井，后来被人们称为"虹井"，至今仍安静地躺在婺源县城稠密的民宅之中。

婺源将产生一位文化伟人的征兆，早在朱熹出生前一百年就曾被人道破。在婺源县城外的芙蓉山上，葬着朱熹的四世祖母程氏夫人。一天，有两位世外高人路过此山，刚进山口，一阵扑鼻的香气袭来，令两人好生奇怪。其中一人说，此山风水极佳，一百年后葬在这里的人，他们的后代将出现一位绝代佳人，并成为皇后，因为他闻到了胭脂的香气。但另一人却有不同的见解。他说，我闻到的是翰墨香，一百年后此人的后代中将有一位圣人出现。果然，一百年后诞生了程氏的四世孙——朱熹。后来，朱子中了进士衣锦还乡，亲往芙蓉山祭扫四世祖母之墓，并种下二十四棵杉树。现在程氏夫人墓完好地保存着。朱熹手植的古杉现存十六株，也早已长成几人才能合抱的参天大树了。人们为了纪念朱熹和那个美丽的传说，把芙蓉山改称为"文公山"。这些玄得有点离奇的传说，当然是不足为据的，但幼年时代的朱熹即已表现出过人的天资与探求真理的热情，这恐怕并不是后人的虚构。

南宋高宗建炎四年（1130年）九月十五日午时，朱熹诞生在尤溪城南郑义斋馆舍(后

白鹿洞书院内石碑

称南溪书院）。馆舍背靠公山，面溪遥对城北文山。相传朱熹未出生时，文山公山都草木繁翳，到了朱熹出生之日，两山吉星高照，同时起火，山形毕露，俨若"文公"二字。朱熹父亲朱松高兴地说："此喜火，祥兆也。"于是就给他的儿子取名为"熹"，又取小名沈郎，小字季延，以排行又叫五十二郎。朱熹4开始学话。有一天，父亲朱松指着天告诉他，这是"天也"。不想牙牙学语的儿子竟会问他："天之上何物？"这着实让做父亲的吃了一惊。5岁时，他入塾读书；6岁时，当别的孩子还只知道在河滩上嬉戏时，他却一人端坐在沙滩上画起了八卦，后来人们把尤溪的这片沙洲称为"画卦洲"。8岁时朱熹便能读懂《孝经》，在书上题字自勉曰："苦不如此，便不成人。"在10岁时就"厉志圣贤之学"，每天如痴如迷地攻读《大学》《中庸》《论语》《孟子》。他自己回忆说："某10岁时，读《孟子》，至圣人与我同类者，喜不可言。"自他11岁起，其父亲授其儒学经典，这使朱熹长进很快。朱熹立志圣贤之学，每日苦读《大学》《中庸》《论语》《孟子》，在少年时就为其成就

朱熹像

朱熹名言石刻

一代饱学的大儒打下了坚实的基础。

## （二）求学名师 鸢飞鱼跃

绍兴十三年（1143年），朱松去世前把家事委托给在崇安五夫里奉祠家居的刘子羽，遗命朱熹："籍溪胡原仲、白水刘致中、屏山刘彦冲，此三人者，吾友也，其学皆有渊源，吾所敬畏。吾即死，汝往父事之，而唯其言之听，则吾死不恨矣。"并致书三位密友，请他们教育朱熹。刘氏家族是世代簪缨的大族著姓，在五夫里屏山下拥有巨大的刘氏庄园。刘氏有家塾，且源远流长，世代左右地方教育。家塾除教授刘氏子弟外，还广收乡邻俊秀。刘子羽之弟刘子翚进一步扩大了家塾的规模，学生达数百人。朱松把朱熹托付给刘氏，其主要用意在于让朱熹在此恭听经学塾师传授经史，学做古文和诗赋，接受应试训练。刘氏家塾由刘子翚主持，刘勉之、胡宪都是刘氏家塾延聘执教的名士。朱熹入刘氏家塾，主要受学于胡宪、刘勉之、刘子翚三君子，并经常执经问道于刘勉之的白水草堂、胡宪的籍溪山居。

朱熹在刘氏家塾读书，在生活上得到刘子羽、刘勉之、刘子翚的照顾。刘子羽收容朱熹母子，在刘氏庄园前修葺了一座五开间的旧楼供他们居住。"（刘）勉之经理其家，而诲熹如子侄。"（《宋史》）刘子翚则用"以勤俭起家，以学问致身，以忠孝事君亲，以清白遗子孙"的行为方式来教育朱熹。清王懋弘《朱子年谱》记载："初屏山（刘子翚）与朱子讲习，武夷去家颇远，时于中途建歆马庄，买田二百余亩，以供诸费，实与朱子共之，屏山既殁，忠肃公尽以畀朱子，资以养母。"

刘氏家族不仅对朱熹的经济生活施以接济和照顾，而且在学术造诣上也对朱熹施以教诲。由于在学术上，二刘一胡都是当时研究二程（程颢、程颐）的著名学者，同时又热心于佛、老学说。这使朱熹不仅

大成殿前老子像

深谙儒家经典，也对易经佛理信手拈来。《宋史》载："朱熹尝求《易》于刘子翚，子翚以《易》之'不远复'三言，俾佩之终身。"考虑到当时典籍的混乱状况，我们可以想象，朱熹在治《易》过程中所遇到的困难：六十四卦排序混乱，卦辞爻辞晦涩难懂，要想深入研究，常感无从下手。这时刘子翚根据平生所学，引导朱熹从比较简易的复卦(卦辞为："不远复，无只悔。元吉。")入手，不仅指出了治《易》的一种方法，而且卦辞本身也可为朱熹用作治学和做人的原则。朱熹治《易》多年，自然一点就明。可惜刘勉之、刘子翚都过早辞世，但朱熹的另一位老师胡宪，亦"有隐君子之操。从游者众，号籍溪先生，贤士大夫亦高仰之"，"熹自谓从三君子游，而事籍溪先生为久"。有了这些名师的教诲，朱熹的治《易》水平自然日新月异，短短数年，就功成名就，正所谓名师出高徒。

绍兴十七年（1147年）秋天，18岁的朱熹参加建州乡贡，顺利中举。第二年又中进士。绍兴二十一年（1151年）春，22岁的朱熹铨试中等，被授予左通功郎，任命为泉州同安县主簿。任内常向学子生员讲说圣贤修己人之道；倡建经史阁，收藏书籍以供

朱熹像

阅读；公事余暇，探索佛、老诸家哲学思想。三年任满，回建州讲学。于武夷山建中山堂讲学著述时，曾步行到乃父同门李侗（延平人）家拜师求教。李侗是程颐再传弟子罗从彦的高足弟子，而罗从彦则是二程著名弟子杨时的学生。"李侗受学于罗从彦之门，尽得其所传之奥，同门皆不及。"朱熹初见李侗，便大讲自己有关佛学的心得体会，把自己多年与道谦、嗣公禅师讨论的佛老玄说和盘倾倒出来，以炫耀自己近十年来出入佛老的全部成绩和感受。但李侗对他"悬空理会"的"无限道理"并不称许。他劝朱熹好好看儒学的圣贤书，

白鹿洞书院内景

理学集大成者————朱熹

说是"道亦无幽妙，只在日用间著实做工夫处理会，便自见得"。李侗强调"默坐澄心，体认天理"。当时，朱熹"心疑而不服"，但思想上已经开始有了转变。

绍兴二十八年（1158 年）正月，朱熹由泉州回崇安，特意步行数百里再次到延平拜见父亲的"同门友"李侗。经过几年的实践和思考，朱熹对李侗有了新的认识，逗留了一个月来向他讨教。他就"理一分殊"的问题进行了深入的讨论和思考，坚定了对"理一分殊"思想的信念。这时，他在逃禅归儒历程上一再的彷徨动摇得到了初步克服。从二十八年正月至二十九年这一年多时间里，朱熹与籍溪及其门人辨忠恕一贯之说，最终确立了朱熹对其与籍溪学说之差异的意识，这段时间的辩论成为次年朱熹师事李侗的契机。

绍兴三十年（1160 年）十月，朱熹又一次到延平，正式拜李侗为师。他住在李宅旁边的西林院，朝夕往来受教，越数月而后去。绍兴三十二年（1162 年），李侗在建安看望儿子，朱熹又赶到建安求教。朱熹受学于李侗之后，便潜心于理学的研读，很快就成为李侗的得意门生。李侗对朱熹非常满意，给

"节"字石刻

儒家文化代表之-----孟轲

他取了"元晦"这个字，期望他外表不露，道德内蓄，并再三夸耀他的高足。李侗曾赞扬他"颖悟绝人，力行可畏，其所诧难，体人切至，自是从游累年，精思实体，而学之所造亦深矣"，并说朱熹"进学甚力，乐善畏义，吾党罕有"。果然，李侗不仅后继有人，朱熹也实现了在学术生涯上的一次蜕变，成为我国文化史上鲜有的重要人物。在李侗的指点和自己的探索下，朱熹的思想和学业都有了很大的转变，儒学的根底越来越扎实，儒家的思想也越来越坚定，这成为朱熹思想的关键性转折，完成了逃禅归儒的转变。朱熹用"鸢飞鱼跃"四个字来概括自己思想的转变，还手书这四个字的匾额，悬于拜见李侗时住的西林院。这样，朱熹终于全面继承了二程理学，还集儒教之大成，进而集理学之大成，成了宋明理学家中的最高代表。

## （三）渊博学者 著述宏富

36岁的朱熹报国无门，在只担任有禄无事、住地听便的祠职时，曾在崇安武夷山和五夫里进行讲学与著述，并与众多高才谈书论道、交流思想。他与名质甚敏、学问甚正的张木式交往，经常通信，研究理学；又与开启浙东功利学派先声的吕祖谦交往，共同编书立说；还与陆九渊、陆九龄兄弟共同论学，产生了"理学"与"心学"两大派别。由于朱熹认为在超越现实、社会之上存在一种标准，它是人们一切行为的标准，即"天理"。只有去发现格物穷理和遵循天理，才是真、善、美，而破坏这种真、善、美的是"人欲"。因此，他提出"存天理，灭人欲"的理念，这就是朱熹客观唯心主义思想的核心。淳熙三年（1176 年），朱熹与当时的著名学者陆九渊相会于江西上饶鹅湖寺，交流思想。但陆属主观唯心论，他认为人们心中先天存在着真、善、美，主张"发

古代天子讲学之处一辟庸

明本心"，即要求人们在自己心中发现真、善、美，达到自我完善。这与朱熹客观唯心说的主张不同。因此，二人辩论争持，以至互相嘲讽，不欢而散。这就是中国思想史上有名的"鹅湖之会"。这些思想火花的摩擦和撞击，更加丰富了朱熹的思想，为朱熹的学术著述积蓄着能量。

在近半个世纪的学术活动中，朱熹独立完成了宏富的著述。从内容上看，朱熹的著述中经、史、子、集各门类都有，主要著作有《四书集注》《诗集传》《楚辞集注》《太极图说解》等等。他所注的"四书"在元仁宗时被定为官方解释，此后一直到明清，凡是想在科举上有所作为的人，都必须遵照朱熹对经典的注释进行学习。经他儿子朱在编纂的《朱文公文集》一百卷，《朱文公续集》十一卷，《朱文公别集》十集，保存了他的学术论著、讲义、奏疏、序跋、书信、诗词等，并合刊为《朱子大全》。另有《朱子诗集》单行，共十二卷。朱熹门徒把他的讲学问答编辑成二十六门、一百四十卷的《朱子语类》。这样大量的著作，包括经学、佛学、道学、史学、教育学、文学、乐律、美术、书法和自然科

书院一角

学等广博学问，只有知识渊博、素养深厚的朱熹才能游刃有余。

朱熹作品不仅在数量上纷繁宏富，在创作水平上也保持了鲜明独到的艺术风格。其《朱子语类》共一百四十卷，涉及面很广，是宋代以后新的语录体奠基之作。这种讲经传道、品评是非的口语化的文体，其特点是质朴无华，平易近人。如他论陶潜诗："人皆说是平淡，据某看，他自豪放，但豪放得来不觉耳。其露出本相者，是《咏荆轲》一篇，平淡的人如何说得这样言语出来？"论黄庭坚诗："如《离骚》，初无奇字，只凭说将去，自是好；后来如鲁直恁地著力做，却自是不好。"这些话语，大都是他平时语言的忠实记录，讲述者的情感和语气很有感染力。

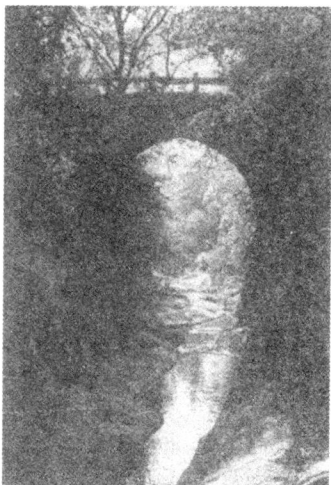

朱熹在中年时建立了完整的理学思想体系

47 岁以后，朱熹集中了宋代理学的成就，又吸取了佛家、道家基因，建立了完整的理学思想体系。他真正进一步发展了理学，成了程朱理学的集大成者，成为中国文化史上的伟人。其用毕生精力所作的《四书集注》，以洗练的语言阐述理学思想，因而在所有阐述朱熹思想的著作中，具有最高的权威性。朱熹十分博学，对经学、史学、文学、音韵、自然科学等都有研究，著有《诗集传》《周

"廉"字石刻

易本义》《孝经刊误》《童蒙须知》《仪礼经传通解》《韩文考异》等书卷，而且还提出自己的独到见解，堪称百科全书式的思想家，是继孔子之后我国封建社会最渊博的学者之一，也是孔子之后我国封建时代影响最深远的唯心主义哲学家。

## （四）兴建书院 学派论争

朱熹很重视学术场所的建设，他在从政期间，除了处理政事之外，还大力提倡兴办地方学校。在创办书院方面，朱熹更是具有独特的建树。讲学授徒培养人才的书院，始于五代而初盛于宋。由于理学的发扬、学术传递的发达，南宋书院规模大盛。淳熙六年（1179 年）十月，朱熹出知南康军，他派教授杨大法和星子令王仲杰访求庐山五老峰下白鹿洞遗址，重修了白鹿洞书院。又购置田地，赡养到此读书、研究的人士。绍熙五年（1194 年）朱熹知潭州，修复了抱黄洞下的岳麓山书院，增广学舍至百余间、田十五顷，还亲书"忠、孝、廉、节"四字于堂中。白鹿洞和岳麓山两个书院都列宋代四大书院之内。此外，朱熹个人创建的武夷精舍和竹林精舍则是私立书院，均有相当规模。

朱熹在书院建设上与前人不同的是，他对书院的教学目的、教学内容、训练纲目、学习秩序等都作了明确详细的规定，书院办得相当正规。朱熹的学规（名为《白鹿洞书院揭示》）从基本精神上看，主要是按照圣贤的教导要求学生。第一条以"父子有亲，君臣有义，夫妇有别，长幼有序，朋友有信"为"五教之目"；第二条以《中庸》所提出的"博学之，审问之，慎思之，明辨之，笃行之"为"为学之序"；第三条以"言忠信，行笃敬，惩忿窒欲，迁善改过"为"修身之要"；第四条以"正其义不谋其利，明其道不计其功"为"处事之要"；第五条以"己所不欲，勿施于人。行有不得，反求诸己"为"接物之要"。这些学规的内容，完全在

武夷山石佛

**朱熹其人**

嵩阳书院牌匾

于实行封建的纲常伦理，它总结了孔孟以来儒家的礼教体系，体现了其理论与实践相结合的人际关系准则。因此，这个学规就成了后来各书院订立学规的标准。朱熹创办书院还有其他特色，一是祭祖先贤，推崇楷模，以励后学，使见贤思齐、奋发图强。二是教学内容以研习儒家经籍为主，间亦议论时政，对学术思想发展有一定影响。三是对学生要求严格。朱熹创办书院，在中国古代教育史上留下了不可磨灭的光辉一页。

除了创办书院，广收门徒和长期讲学是朱熹学术活动的一个重要方面。据《朱子文集大全类编》，朱熹门人中及门受业者有四百四十二人，仅在其《文集》中，与朱熹有书信往来的门人就多达二百多人；在《朱子语类》中，所列出的记语录者也有九十多家。朱熹去世之时，虽然官方禁止举行葬礼，但为其送葬者还是逾千人，其中绝大多数是朱熹的弟子。朱熹生前著书，往往组织弟子一起写作或编定，如《宋史道学传蔡元定传》载："熹疏释《四书》，及为《易》《诗传》《通鉴纲目》，皆与元定往复参订。《启蒙》一书，则属元定起稿。"又载"熹晚欲著《书传》，未及为，遂以属（蔡）沈"。又其《仪礼经传通解》，也是与弟子黄干等人共同撰写的，一直到临死前尚未完稿，还嘱托黄干等继续完成书稿。不过，朱熹门人虽多，真正能传其学者并不多，蔡元定、蔡沈、黄干、陈淳等少数几个学生，是属于学术上造诣颇精者，也难望其老师之项背。但朱熹通过门人使其思想学说传播开来，形成了一个在南宋最活跃、最有力量、最有影响的学派。

朱熹聚徒讲学，宣讲理学思想，并同其他学派进行激烈的论争，这也是他学术活动的又一个方面。朱熹曾与永康事功之学、陆氏顿悟之学、反对周敦颐、张载的林黄中进行过辩论。南宋学术之会，主要为两派三

国子监屋顶彩绘

家，两派是心性之学和事功之学；三家是朱学、陆学和浙学。从淳熙九年（1182年）至十三年（1186年）之间，朱熹与事功学派围绕"王霸"、"义利"等问题展开激烈论争，反映了心性理学与功利之学的深刻分歧。其中陈亮与朱熹的"王霸义利"之辩围绕三个话题展开：

第一，道德与事功是否内在统一。朱熹主张"尊王贱霸"。他认为夏商周三代帝王的心中都是"天理流行"，是"王道"盛世；而三代以后帝王的心中"未免乎利欲之私"，是"霸道"衰世。朱熹在第一封指责陈亮的信中，将陈亮的学说概括成"义利双行，王霸并用"八个字，并要求

百家姓

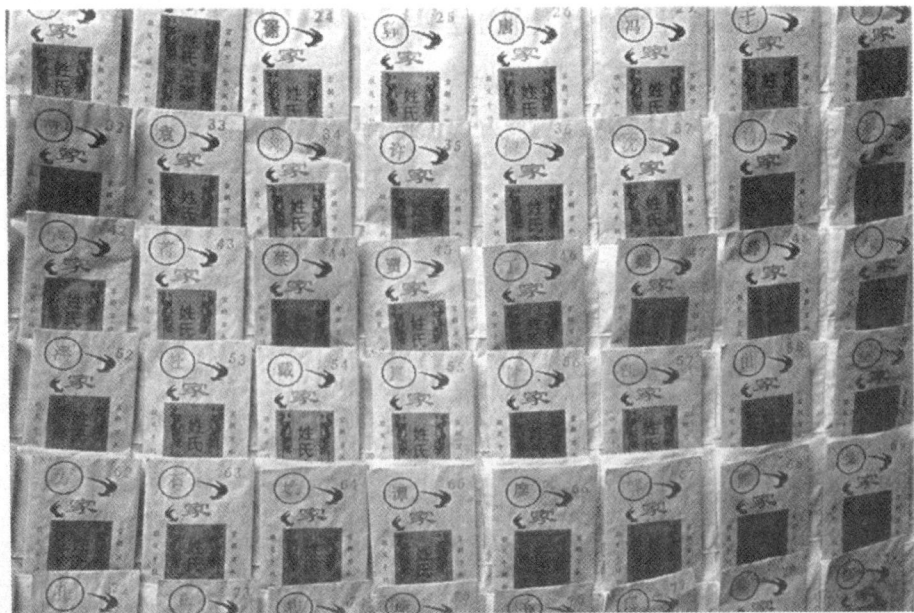

理学集大成者———朱熹

陈亮改正。陈亮不同意朱熹的说法。在陈亮看来，道德与事功是统一的，道德应见于事功之中，如果一个君主有道德，他就必然能建功立业，为民生造福。假如他不能建功立业，就不能认为他有道德。如果将道德与事功割裂开来，那才是"义利双行，王霸并用"。陈亮之友陈傅良后来概括陈、朱争辩，将两人的观点概括成"功到成处，便是有德；事到济处，便是有理"及"功有适成，何必有德；事到偶济，何必有理"，应该是比较贴切的。

四书五经学习

第二，理想的人生境界。两人既对道德与事功的关系有不同看法，对人生应该追求何种理想境界，自然看法有别。朱熹认为，一个有理想的人，应该是在道德境界的日益提升上下工夫，一辈子也不能懈怠这一点。要洗透功利之心，致力于内心修养，才能做得大事。陈亮则认为，一个完美的人，应该兼具仁、智、勇三者，做一个既是道德、又能在现实世界建功立业的完美之人。而且在陈亮看来，一个人有无道德，光求之心迹，不免幽晦难明，唯有从功业上去看，才能看得清楚。有大功业的，必是有道德之人。

第三，从何种角度去观察和处理世界。陈亮与朱熹的争辩，在于学术的根本路径上，

孔庙大成殿内景

即从何种角度观察和处理世界。陈亮认为，世界是经验的，是现实的，要先承认现实，承认历史，在这个基础上，才能谈论学术。而朱熹则从理想的角度来观察和处理世界，认为道是世界的本体，它不一定体现为现实的经验，是人的价值的本体。所以他治学，可以不谈经验，不谈历史，一切可在理想的框架内举行。简单地说，两人的学术是在不同的路径和层面上进行的，所以旨趣也根本不同。正是由于这根本的不同，酿就了两人长达三年在中国思想史上影响深远的大论战。陈亮与朱熹的论辩，其截然不同的观点对立中埋藏着极为深刻的内容。他们在论战中大大丰富了自己的思想，也为中国古代哲学思想的演变拓展了空间。虽然今天也很难判定孰是孰非，但有一个细节意味深长：那就是朱熹到浙东来当官时，一入浙境，便觉这里与他处不同，其中明显之处是民风重现实、讲事功。我们知道，当时南宋浙江的三大学派都属事功之学的范畴。可见，任何一种影响深远的学说，必然集中了作为其基础的广大百姓的道德理想与价值标准，学术思想也是通过不断的辩论而得以发展的。

二　为学之道

## （一）谈"格物致知"

一代儒学宗师朱熹有一怪癖，就是生平不吃豆腐。因为他认为一斤黄豆可以做出三四斤的豆腐，已经很不正常。而做豆腐时却还要往锅里加入有害的盐卤、石膏。谁都清楚一般人只要稍微吃下这两样东西都是要丧命的，而用它们做成的豆腐怎么可以吃呢？朱熹生性多思，他在饮食上的这种讲究，使他一生没有享受到豆腐的美味。这种讲究在其哲学上名曰"格物致知"。

朱熹曾对其门下弟子就格物致知之理进行了详细的解说。由于朱熹曾上书宋孝宗，认为要完成光复大业，必须请皇帝先

国子监万世师表匾额

理学集大成者——朱熹

长沙岳麓书院自卑亭

完成自己的修养。门人弟子就问他："先生在上书中所说皇帝的修养，有什么特点？"朱熹道："皇帝的修养当然不同于一般人，但有一点是共同的，你们也应该做到，就是要先下格物致知的工夫。从宇宙之大到昆虫之微，都要清楚地看到大义的存在，才能够面对这个世界，来规划自己的事业。"

弟子说："格物致知，不就是二程先生和龟山先生传下来的道理吗？可是格物是什么，致知是什么，两者哪个在先哪个在后，我都不清楚。"朱熹道："大程明道先生（程颢）说'格'就是到；'致'就是得。致知在格物，意思是先用心思想到具体的物，然

武夷山风光

后才能得到知识学问。因此格物在先，致知在后。但若是探究大道并把它落实到物上，那就更可以穷尽大道的奥妙。"

弟子问："先生的话我懂了，但是可格的事物千姿百态，种类无限，所要致的知也要有那么多吗？"朱熹道："却不是的。小程伊川先生(程颐)说'万物皆备于我'，是因为人生本来有良知良能，可以与万物相当。天地有个心，人也有个心，天地之心和人的心其实是一个东西。如今天格上一物，到达天地之心而落实到自己的良知良能；明天又格上一物，到达天地之心而落实到自己的良知良能。时间长了，格的物多了，自己的良知良能就可以大部分甚至全部被开发出来，到了那个时候，就得到了知。"

弟子说："听了先生一番教导，我明白了格物致知原来是一种极大的工夫，只格一物、两物是得不到真知的。"朱熹说："不错，但物总得一个一个地格。杨龟山先生说：'学习开始于致知的愿望，完成于得知的成果，致知的手段是格物。天下的物，多得格不胜格，一个人的精力有限，不可能遍格万物。因此他格物的时候，绝不能让心思随物

白鹿洞书院内景

白鹿洞书院朱子祠牌匾

流动到十万八千里之外; 要随时内向反省，才能越来越明白心里的良知而做到万物皆备于我。'"

弟子问："致知就是致良知，我懂了。但是天下有千万人，每个人有一个良知。若是人人格物致知，得到良知，这良知不免太多了吗？会不会引起争论和混乱呢？"朱熹道："千万人有千万心，千万心所不同的，是他们的欲望；至于被这些欲望包在里面的良知，人人都是一样的，就是个'仁'字。因为天地、日月、宇宙都只是一个，它的大道也只有一个，这个大道到人们心里，就是个'仁'字。所以，通过

格物致知逐步去除蒙在心上的人欲，'仁'即良知自然会显露出来。"

　　弟子听了朱熹的话，仍然有些不明白，见案头上有一方新砚台，就请先生以砚台为例，做一次格物致知的示范。朱熹笑着说："好，就来格这个砚台。"他拿起砚台，反转过来叫弟子们看，只见磨得镜面一样平的砚台底上有一个大螺壳印子。弟子奇怪地问："这样大的螺，一定是生活在海里的，怎么钻进石头里去了呢？"朱熹道："这就是了。砚石是从山上采来的，说明这山千万年前曾经是海底。这螺儿活着的时候，钻在海底的泥土里；海底上升变成山，泥土干硬变成石

白鹿洞书院一角

头，这螺不就到石头里了吗？到此我们格物的工夫算是完成了，然后来致知：既然山、海那样看起来永恒的巨物，都可以互相变化，那么世界上还有什么不能变的。所以，《诗经》里说'天命无常'。这个无常的天命感动到人的内心，就使人常处忧患，兢兢业业，小心翼翼，认真对待周围的一切，这就悟出了个'敬'字，进入了良知'仁'的境界。"弟子感谢说："先生的意思，我理解了，要是人人都能像先生那样下工夫修养心性，天下还愁不太平吗？"朱熹思想中的格物致知确实被他解释得淋漓尽致。

由于朱熹是以穷理致知研究学问的人，考究于生活中的任何事物，格物致知之理也难免让他遇到尴尬。在他出仕前，家乡有个叫盛温和的好友，此人亦是博学多才的人。一天两人相遇于巷子内，盛手中拿着一个竹篮子，朱熹问他，你去哪里？盛回答说，我要去买点东西。他听盛的话，很好奇，随即问道，你说买东西，为什么不说买南北呢？盛没有被他问倒，而是温和地反问朱熹，你知道什么是五行吗？朱熹答，我当然知道，不就是金、木、水、火、

土吗？盛说，不错，你知道了就好办，现在我说给你听听，东方属木，西方属金，南方属火，北方属水，中间属土。我的篮子是竹子做的，盛火会烧掉，装水会漏光，只能装木和金，更不会盛土，所以叫买东西，不说买南北呀。朱熹听后"唉"了一声说，原来是这样啊！当然这只是生活中的一个趣闻故事，它对于格物致知之理的深义和影响却是无伤大雅的。

朱熹正是用《大学》"致知在格物"的命题，探讨了认识领域中的理论问题，发展了格物致知论。在认识来源问题上，他既讲人生而有知的先验论，也不否认见闻之知。

他强调穷理离不得格物，即物才能穷其理。同时，他还探讨了知行关系，认为知先行后，行重知轻。从知识来源上说，知在先；从社会效果上看，知轻行重。而且知行互发，"知之愈明，则行之愈笃；行之愈笃，则知之益明"。这对后世的唯物思想的发展有着一定的指导意义。

## （二）劝学姿态

朱熹曾写过这样一首劝学诗："少年易老学难成，一寸光阴不可轻。未觉池塘春草梦，阶前梧叶已秋声。"这是勉励弟子要珍惜光阴，勤奋为学，与"少壮不努力，老大徒伤悲"有着相通之义。此外，对于读书，朱熹还写了一首很具形象艺术的诗：

白鹿洞书院内的小溪

理学集大成者——朱熹

白鹿洞书院

"半亩方塘一鉴开，天光云影共徘徊。问渠哪得清如许，为有源头活水来。"他把图书比喻为池水，因为水源流动，所以才能保持天光云影的景色。多读书、勤读书，就如有水源流动，可以活跃思想，不断增进新知而不至于僵化凝固。正如他在写给巩仲至的信中强调："古之圣贤所以教人，不过使之讲明天下之义理，以开发其心之知识，然后力行固守，以终其身。"正是怀着这样的谏学姿态，使朱熹一生热衷于教育，并提出了一套深刻的教育思想理念，对后世教育理论的发展产生了重要影响。

朱熹继承和丰富了我国教育思想的优良

传统，是我国古代颇有见识、重视躬行实践、热心讲学的教育家。他从事教育五十余年，认为"为学之道，莫发于穷理；穷理之要，必在于读书；读书之法，莫贯于循序而致精，而致精之本，则又在于居敬而持志"。着眼于"学以变化气质"和"以明人伦为本"，是朱熹发展教育事业的根本目标，力图最终通过教育达到"存天理，灭人欲"的目的。他说："圣人千言万语只是教人存天理，灭人欲。""学者须是革尽人欲，复尽天理，方始是学。"（《朱子语类》卷四）他在给宁宗讲授《大学》时指出，古代圣王设小学、大学以教子弟，都是为了"去其气质之偏，物欲之蔽，以复其性，以尽其伦"（《朱子语类》卷七）。即是为了使士子革除那些"物欲之私"，回复"天理"，使其言行皆符合封建社会之伦理纲常的规定，成为儒家所宣扬的"圣贤"。

白鹿洞书院内景

注重家庭教育，搞好小学和大学教育，是朱熹教育思想的一大特色。朱熹认为只有通过严格的家庭教育，才能培养出替封建统治者效劳的"完人"。他特别致力于编写童蒙读本，例如《小学集注》《论语训蒙口义》《童蒙须知》等，对儿童的日常言行、生活

白鹿洞书院正学之门
世界文化景观—白鹿洞书院

习惯，提出道德规范。比如说：穿衣要颈紧，腰紧，脚紧；说话，凡为人子弟，必须低声下气，语言详缓；读书要端正身体，面对书册，详缓看字；饮食，在长辈面前，必须轻嚼缓咽，不可闻饮食之声。至于教育任务，朱熹主张以小学而言，主要是"教之以事"，如"礼乐射御书数，及孝悌忠信之事"。至于发掘和探究事物之理，则是大学教育之任务。"大学是穷其理"，"小学是事亲事长且直理会那事，大学是就上面委曲详究其理，其所以事亲是如何，所以事长是如何"（《朱子语类》卷七）。故若小学能受到很好的教育，"便自养得他心不知不觉自好了，到得渐长更历，通达事物将无所不能（《朱子语类》卷七）。同时，他主张学校要培养"讲明义理，以修其身"的人才。他在《白鹿洞书院揭示》中明确指出："熹窃观古昔圣贤所以教人为学之意，莫非使之讲明义理，以修其身，然后推以及人，非徒欲其务记览为词章，以钓声名利禄而已也。"在《玉山讲义》中又说："故圣贤教人为学，非是使人缀辑语言、造作文辞、但为科名爵禄之计，须是格物、致知、诚意、正心、修身，而推之以齐家、治国，可以平治天下，方是正当学问。"这就充分表现了朱熹办学的目的，这也是他教育思想的一个主要方面。

白鹿洞书院示意图

白鹿洞书院古树
白鹿洞书院雪景

重视教育方法和读书方法，是朱熹教育思想的又一大特色。他一生读的书，汗牛充栋、浩如烟海，丰富的实践使他总结出"二十四字诀"读书方法，主要从六个方面概括了他的读书经验。其一是"循序渐进"，即读书要按照书本的逻辑体系和学习者的智能水平，要有系统、有步骤、由低到高、由浅入深地循序渐进。他说："譬如登山，人多要至高处，不知自低处不理会，终无至高处之理。"他反对"骤进"和"速成"，主张一步一个脚印地渐进。其二是"熟读精思"，包含两个精要：一是"读"，二是"思"，讲的是读与想、学习与理解的关系。"循序渐进"要求合

白鹿洞书院牌坊

理安排读书的先后次序，而"熟读精思"则要求在记忆的基础上理解，深刻领会所读之书的精义。朱熹说："泛观博取，不若熟读而精思。""读书之法，读一遍了，又思量一遍；思量一遍，又读一遍。读诵者，所以助其思量，常教此心在上面流转。若只口里读，心里不思量，看如何也记不仔细。"由此可见，"熟读"就是要"使一书通透烂熟，都无记不记处"，"使其言皆若出于吾之口"，

为学之道

朱子教条

"精思"就是要"看得是了，未可便说道是，更须反复玩味"，"使其意皆若出于吾之心"。其三是"虚心涵泳"，指读书要仔细认真，反复研磨，反复体会；切忌走马观花和浮光掠影。朱熹说："观书但当虚心平气，以徐观义理之所在。如其可取，虽世俗庸人之言，有所不废。如有可疑，虽或传以为圣人之言，亦须更加审择，自然意味和平，道理明白脚踏实地，动有依据，无宠罩自欺之患矣。"总之，这种读书方法要求不预先立说，不自满自足，不穿凿附会，不粗心性急。其四是"切己体察"，指读书要依靠自己的努力，重视书外的工夫，

白鹿洞书院内景

即要结合自己的思想、经验，从书外去体察书中之味。朱熹说："读书不可只专就纸上求理义，须反复就自家身上推究。自家见未到，圣人先说在那里，自家只借他言语来，就身上推究始得。"又说："读书须要切己体验，不可只作文字看。"总之，这种读书方法要求自身视察，自求自得，自信不疑。否则，人云亦云是不会有见地的。其五是"著紧用力"，指读书要抖擞精神，花大力气，下苦工夫。读书既不同游戏，更不是请客吃饭。读书要"群疑并兴，寝食俱废"，"只要将勤苦挨将去，不解不得休"。读书如行水船一样，倘不奋力，就可能前功尽弃。朱

为学之道

独对亭

熹认为读书是一件费心费力的苦差事，只有勤苦认真，才能有所获。其六是"须教有疑"，指读书要善于提出问题和解决问题。朱熹说："读书始读，未知有疑。其次则渐渐有疑。中则节节是疑。"此外他提出"文道一贯"说，诗论主张言志，认为道充而文生，志高而诗至，道必须学，志必须养，诗文都是可以不学而能的。这些读书习文的主张蕴含了深刻的道理，涵盖了学而有成之道，对学生的认知教育具有深远的意义。

## （三）一代理学大师

朱熹继承了周敦颐、二程学说，又兼采释、道各家思想，形成了一个庞大的哲学体系。这一体系的核心范畴是"理"，或称"道""太极"。理或天理是朱熹理学思想的最高哲学范畴，天理论是朱熹理学思想的核心。所谓的"理"，有几方面互相联系的含义：①理是先于自然现象和社会现象的形而上者。②理是事物的规律。③理是伦理道德的基本准则。朱熹认为"理"是宇宙的根源，天地万物的根本。又称理为太极，是天地万物之理的总体，即总万理的那个理。"太极只是一个理字。"太极既包括万物之理，万物便可分别体现整个太极。这便是人人有一太极，物物有一太极。每一个人和物都以抽象的理作为他存在的根据，每一个人

白鹿洞书院讲堂

为学之道

和物都具有完整的理，即理一分殊。"气"是朱熹哲学体系中仅次于理的第二位的范畴。它是形而下者，是有情、有状、有迹的；它具有凝聚、造作等特性。它是铸成万物的质料。天下万物都是理和质料相统一的产物。朱熹认为理和气的关系有主有次。理生气并寓于气中，理为主，为先，是第一性的；气为客，为后，是第二性。并提出理本气来，"既有此理，便有此气；既有此气，便分阴阳，以此生出许多物事"。朱熹把"天理"作为自然界和人类社会的最高法则，把天地万物都囊括在"天理"的牢笼之内，把封建道德、封建礼乐刑政

白鹿洞书院牌坊

理学集大成者——朱熹

白鹿洞书院

与天理视为一体。从天理的高度、从格物致知的高度来认识历史，是朱熹史学观的准绳。他的思想影响着封建社会后期的政治生活，被后世修史者奉为至理。历史的发展一代不如一代，这是朱熹倒退的唯心史观的主要内容。正是这位集理学大成的朱老夫子，在中国哲学上发展了程颢、程颐关于理气关系的学说，建立了一个完整的客观唯心主义的理学体系。

在人性论上，朱熹发挥了张载和程颐的天地之性与气质之性的观点，认为"天地之性"或"天命之性"是专指理而言，有至善的、完美无缺的特点；"气质之性"则以理与气

白鹿洞书院内景

杂而言，有善有不善，两者统一在人身上，缺一则"做人不得"。与"天命之性"和"气质之性"有联系的，还有"道心、人心"的理论。朱熹认为，"道心"出于天理或性命之正，本来便禀受到仁义礼智之心，发而为恻隐、羞恶、是非、辞让，则为善。"人心"出于形气之私，是指饥食渴饮之类。如是，虽圣人亦不能无人心。不过圣人不以人心为主，而以道心为主。他认为"道心"与"人心"的关系既矛盾又联结，"道心"需要通过"人心"来安顿，"道心"与"人心"还有主从关系，"人心"须听命于"道心"。朱熹从心性说出发，探讨了天理人欲问题。他认为人心有私欲，所以危殆；道心是天理，所以精微。因此朱熹提出了"遏人欲而存天理"的主张。朱熹承认人们正当的对物质生活的欲望，反对佛教笼统地倡导无欲，他反对超过延续生存条件的物质欲望。他强调"天理"和"人欲"的对立，要求人们放弃"私欲"，服从"天理"。

白鹿洞书院外景

"存天理，灭人欲"是朱熹理学的主体。其内涵可以从三方面去理解：一、理与欲，也是公与私的对立。朱子说，"只要一人之心，合道理的是天理，徇情欲的是人欲"。革尽人欲，排除过分的私欲便是去恶；复尽天理，循道而行的便是存善。二、"人心"必须服从"道心"。人心只考虑到自己的需要，而不考虑到合理不合理；道心则在考虑到自己需要之外，还要考虑是否合理。凡事如果不掺杂私心贪念，坚守道心，则办起事来可以执中不偏、恰到好处，这自然合乎天理。三、强调道德，德教使人自觉遵守各种道德规范。我们知道，纵然有良好的道德基础，要想真正地消灭犯罪活动，谈何容易！随着时代的进步，科技的发达，经济方面有了长足的发展，但人的精神状况却每况愈下，沦

为学之道

武夷山建筑

清代文物

丧殆尽。人与人之间感情淡化，互信力消失，个人主义盛行于世，这一切都导致社会丑恶现象不停地上演。在这种形势下，极需"天理""良心"来洗涤过分的人欲。正像文公所说的，"若能持敬以穷理，则天理自明，人欲自消"。这是我们现在应该奉行的道理或是信条。

三　为官几多事

朱熹墓

## （一）铮铮风骨

从朱熹的治学观点以及理学家的本色看来，朱老夫子似乎是一个态度严肃、一丝不苟、埋头于学问、不问世事的人物。但如果世人这样看他，那就错了。朱熹处于南宋偏安时代，出生于江西婺源，后来寄寓福建。19岁就进士及第，曾任秘书阁修撰，也做过地方官。他博览群书，潜心研究宋代理学和儒家经典。他虽然醉心于治学，却不忘世事，他与辛弃疾、陆游友善，同是主张抗金的一派。

值得称道的是，朱熹老夫子不仅不忘世事，更敢于对国事提出明确的建议。他

白鹿洞书院外景

理学集大成者———朱熹

曾写过洋洋洒洒近万言的上书给当时任宰相的韩侂胄。他要求"朝廷之政"如"当急而缓，则怠慢废弛，无以赴事机"，"而天下之事日入于坏"。接着他指陈业已形成的荒政导致民心丧失，"民心一失，则不可以复收。身危犹可复安，国势一倾，则不可以复正"。朱熹对"民贫兵怨，中外空虚，纲纪陵夷，风俗败坏"的现象十分痛心；对有势力、权幸之辈的"侵欺之奸""盗窃之计"破坏国家财政的行为表示痛恨；对"为大臣者乃不爱惜分阴，勤劳公务"，反而"从容偃仰，玩岁愒日，以侥幸目前之无事，殊不知如此不已，祸本日深"，令他"一念及此，

朱熹园石刻

心胆堕地"。朱熹在上书中最后提出：他的愚昧衰迟，狂妄进言，可能不见容于当道，他请求"不如早罢其官守，解其印绶"，他当"缄口结舌，归卧田间，养鸡种黍"。可以想象，朱熹上书指陈的国事，确是不容于权奸之辈的。当时的南宋朝廷对金人的入侵，不敢抵抗，委曲求和，对内却横征暴敛，荒淫嬉乐。朱熹的上书和辛弃疾为抗敌救国而献的《美芹十论》《九议》，都被媚敌派搁置了。当时的南宋国都临安（即杭州），只是"山外青山楼外楼，西湖歌舞几时休。暖风熏得游人醉，直把杭州作汴州"了。但是朱熹胸怀国事的强劲作为和为国尽言的铮铮风骨，不得不令后世对他景仰不已。

但朱熹终因在官场上品性耿直而得罪权臣，致使晚年落得了一个悲剧的结局。1181年8月浙东饥荒，朱熹由宰相王淮推荐任提举两浙东路常平茶盐公事。途经杭州，入对七札，陈述时弊。到职后，微服私访，调查时弊和贪官污吏的劣迹，弹劾了一批贪官以及大户豪右。他不徇私情，牵连攻击了王淮等人。于是，王淮指使人上书抨击理学，斥其为"伪学"，朱熹被迫解职还乡。1187年朱熹出任江南西路提点刑狱公事，管理赣州（今赣县）、江州（今九江）一带地方的司法、刑狱、监察、农事等方面的事务。不久王淮罢去，理学一时得势，朱熹更是仕途顺利。几年后受宰相赵汝愚推荐，当上了焕章阁侍制兼侍讲，即皇帝的顾问和教师。刚即位不久的宁宗全面肯定了理学，称朱熹为"儒宗"，这反映了苟安江南的南宋企图以理学加强内部团结的希望。朱熹为宁宗进讲《大学》，每逢双日早晚进讲，但他借此机会对朝政多有批评，终于使宁宗不满，以干预朝政的罪名，被逐出朝廷。庆元元年（1195年）朱熹在朝廷的支

孔庙国子监孔子文化展古籍陈列

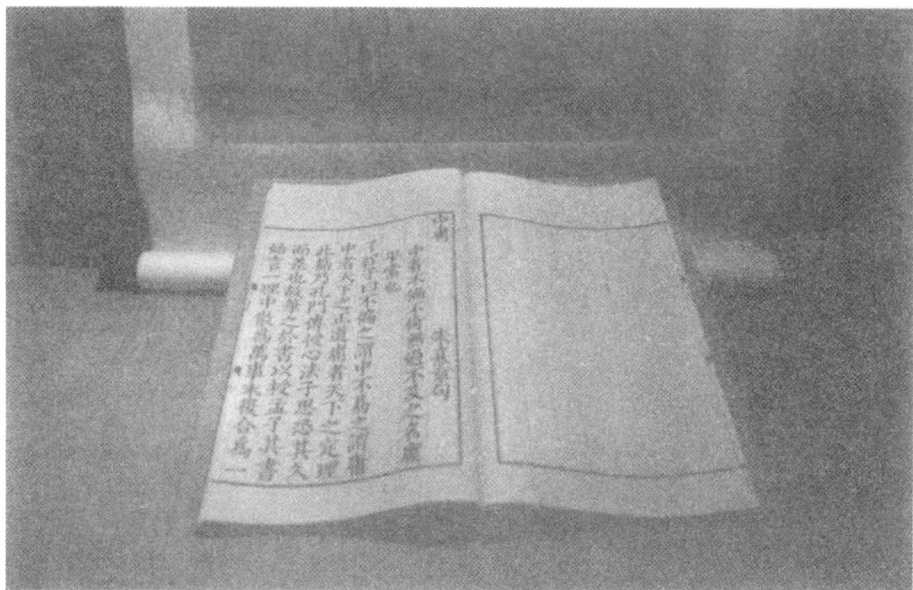

持者赵汝愚受韩侂胄排挤被罢相位，韩势盛极一时。韩因朱熹曾参与赵汝愚攻击自己的活动，于是发动了一场抨击"理学"的运动。庆元二年叶翥上书，要求把道学家的书"除毁"，科举取士，凡涉程朱义理皆不取。监察御史沈继祖指控朱熹犯有十罪，请斩。朱熹的得意门生蔡元定被逮捕，解送道州。一时理学威风扫地，被斥为"伪学"，朱熹被斥为"伪师"，学生被斥为"伪徒"。宁宗一改旧态，下诏命凡荐举为官者，一律不取"伪学"之士。庆元六年（1200年）三月初九，朱熹终于在家里忧愤而死，享年71岁。

## （二）朱子话尤溪

尤溪风光

朱熹园朱熹及弟子像

　　尤溪，是朱熹的诞生地。朱熹生平对生养他的尤溪，怀有深厚的赤子之情。据记载，他曾多次回到这里寻亲访友、讲学授徒，并留下了大量的墨宝铭文、手迹板联和诗词歌赋。青印桥上朱熹曾亲书"溪山第一"，并有诗云："独抱瑶琴过玉溪，琅然清夜月明时。只今已是无心久，却怕山前荷篑知。"《活水亭观书》中的"半亩方塘"及那塘上的"活水亭"，传载着朱熹经常在南溪书院的活水亭攻读不倦的情景和那不朽的诗作。尤溪县现存有他手写的"读书起家之本，循礼保家之本，和顺齐家之本，勤俭治家之本"的四块板联，给山清水秀、人杰地灵的尤溪

尤溪秋色

增添了深厚的文化底蕴。尤溪也因为孕育了一代大儒朱熹而流传着不尽的故事。

相传朱熹在朝廷做官时，一天，皇帝闲得无聊，向朱熹问起家乡的事，朱熹说："臣家乡在尤溪，那地方水秀山清，风景美极了！"皇帝请道其详，朱熹便把尤溪十景中的"双峰挂日""二水明霞""东岩虎啸""西泽龙潜"，绘声绘色地说了一通。说得皇帝屁股都坐不住了，想来尤溪玩一玩。朱熹一听皇帝想来尤溪玩，就想：糟了，皇帝出巡可不是好玩的，沿途要搜刮多少民脂，百姓要受多少灾难啊；而且，首当其冲受害最重的肯定是尤溪百姓。不行不行，得让皇帝改变主意。于是，就对皇帝说："万岁移驾尤溪，臣万千之喜，不过，尤溪山高水深路难走呀！"皇帝问道："从东路走如何？""不行不行，东路要过梅仙马蹄岭，你想，马见了都啼哭，那山够高够险吧！"朱熹故意把'蹄'字说成啼哭的'啼'字。皇帝听了信以为真，又问："从西路走怎么样？"朱熹把头摇得跟拨郎鼓一样，连连说："不行不行！""那又是为什么？"朱熹说："从西路走，有个'落骨扭肠'，要过此地凶多吉少啊！"他又故意把管前乡"绿角柳堂村"两地说成"落骨扭肠"。皇帝乃万乘之尊，哪肯为走趟尤溪，去冒那么

尤溪风光

白鹿洞书院内景

大的风险，于是，就放弃了尤溪之行。

## （三）"设社仓，正经界"

朱熹一生虽然为官时间不多，但总是努力设法缓和社会矛盾，或多或少地为下层人民办好事。他退居崇安时期，崇安因水灾引发饥荒，爆发农民起义。鉴于此，朱熹主张设"社仓"，以官粟为本，"俾愿贷者出息什二……岁或不幸小饥，则驰半息，大俊则尽"。设立社仓的目的是为了防止地主豪绅在灾荒时期用高利贷剥削农民，无疑是有惠于民的。此后，朱熹又在多处推行此法。

1178年，朱熹知南康军。恰在这一年，南康军发生了百年不遇的旱灾。朱熹在领导这场大规模的赈荒救灾中显示出卓越的行政才干。他那周密细致的救荒措施、敢作敢为的办事作风、不屈不挠的斗争精神，终于使陷于绝境的一方灾民脱离了苦海。史书上说他"全活甚多"，而人民则称誉他"政声报最为清白"。朱熹上疏要求减免租税。同时，请求政府兴修长江石堤，一方面解决石堤失修问题，另一方面可以雇用饥民，解决他们缺食的问题，为饥民所称善。在这期间他大力推行了一项为民谋利益的改革措施——"设社仓"。"社仓"用以救灾赈荒，使贫苦的农民免除高利贷的盘剥之苦。

朱子社仓是朱熹带头创办的中国自隋唐以后第一所州县级以下的官办粮仓。当时的官办粮仓只有县级府级以上才设，乡镇不设置粮仓，闹起灾荒，远水难救近火。因为当

儒家学派代表人物孔子

武夷山风光

时交通非常不便利，从武夷山到五夫要用一天半的时间，每每粮食还没运到，老百姓就已经饿死，或者灾民就起来造反，引来很多不安定因素。朱熹当时很有威望，就写了一封信给建宁府知府，叫他分发

尤溪博物馆

六百石的粮食，以缓解灾情。然后把这些粮食收回来囤积在五夫社仓里，在每年青黄不接时再接济老百姓，闹灾荒时又可以安抚灾民，有备无患。当时老夫子在仓壁上题了一首诗："度粮无私本是公，寸心贪得意何穷。

**为官几多事**

"忠"字石刻

若教老子庄周见，剖斗除衡付一空。"劝诫仓管员要爱惜这里的粮食。当时朱老夫子的消防意识已经很强，还特地在粮仓边上开了一口井——观仓井。此建社仓之举，被誉为"先儒经济盛迹"。如今，朱子社仓仍然完好，向人们昭示着朱熹为官救荒恤民的故事。

1190年朱熹知福建漳州，他以圣贤的"除强扶弱，正君恤民"自勉，在州府门两侧设立了"宣德意榜"，以公布自己的主张。第一张布告上就写道："通衢邦民，不得占田抗税，侵害贫弱。"时值土地兼并盛行，官僚地主倚势吞并农民耕地，而税额却没有随地划归地主，至使"田税不均"，失地农民受到更为沉重的剥削，阶级矛盾十分尖锐。为此，朱熹提出"经界"这一解决矛盾的措施，所谓经界即核实田亩，随地纳税，为的是革除豪民及官僚地主兼并土地之弊。这一建议势必会减轻农民负担，但损害了大地主的利益，所以遭到他们的强烈反对。"经界"终于未能推行，朱熹愤怒不已，只好辞职离去，以示抗议。

（四）朱熹办案

一天清晨，有人在衙门前击鼓，衙

役立即传报，朱熹马上升堂，召唤击鼓人。这时，只见一个身材瘦小、衣衫褴褛的汉子扑倒在地上，连声呼叫："老爷，替小民伸冤啊！"朱熹问道："有何冤情，从实细细讲来。""小民辽宁，崇安人氏，早年祖上留有一块风清水明的坟地，无奈家贫势弱，宝地被乡里一个大姓强占。他倚仗豪强，硬是把他那死去的老子葬在我家祖上的坟顶。素闻大人为官廉正，除强扶弱，小民特来求老爷公断！"朱熹打量了一下告状人，觉得他布衣破烂、满脸愁结，便有了几分同情。于是，他发下火签，命将被告人速传至府衙听审。那个被告的大户姓胡，名实，已

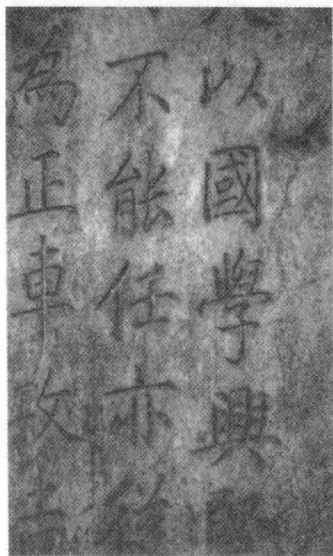
孔庙国子监石碑（局部）

是两鬓花白的人。他到了府衙大堂，也不知出了什么事，站着作揖道："老爷，吩咐胡某前来，不知有何事见教？"朱熹见他一点也无惧色，心想这人平日一定霸道惯了。于是把惊堂木一拍说："有人告你强占贫弱之人祖传的坟地，你须从实招来！"胡实一听愣了，辩解道："老爷，那坟地分明是我家祖传产业，先父礼葬时，从未听到外人异议，怎么说是侵占人家坟地？"原告见老爷在斥责大户，立即开口作证。于是，两人在公堂上激烈地争辩着，公说公的道，婆说婆的理。朱熹一时也分也不清哪个是真，哪个是假，就说："常言道，口说无凭，必取实据，你等敢随本府到实地探明实情吗？""敢！"辽宁与胡实都大声答应。"立下字据，言不实者加倍处罚！""好！"两人立即画了押。

朱熹带了府吏、衙役、连同诉讼双方人等，来到墓地察看。他是很懂地理风水的人，一眼就觉得这是一块宝地，难怪有人争夺。"老爷——"辽宁一到坟地便嚎啕大哭起来，额头撞在石阶上，"我愧对祖宗啊！""老爷——"胡实指着一座新坟说，"这是先父在世时亲自筹划筑造的寿域，还请泥水工匠数人，而今尚有几个留在本地，可以作证。"	"老爷——"辽宁插上说，"他所说的全是一派胡言。当年他家找地筑坟时，硬是把小民的祖坟掘起才安上新坟的！"	"老爷！他才是一派胡言，当年筑坟时还是一片荒野，本人亲眼所见。"朱熹思忖着：一个说是新坟，一个说是祖坟，是生地还是熟地一掘便可从土质层次中判明。于是他令人取来锄头，在墓园四周挖掘三尺，看个究竟。有个衙役挖着挖着，锄头"哐当"一声，砸到一块青石上。他把那块石头挖出，发现是块青石墓碑。朱熹令人取来清水，把青石上的泥垢洗净。他走近石碑，

武夷山朱熹纪念馆

为官几多事

看到一行刻字显示出丧葬人的姓氏名字。还有几行小字，是丧家立碑时孝子贤孙的名字，其中刻着"曾孙辽宁"几个字。朱熹看罢满脸怒气，盯着胡实说："你自己去看！"胡实一看大惊失色，喃喃念道："这墓碑怎么当时清地时没有挖到？""大胆！"朱熹大喝一声，"证据确凿，还佯装不知，分明是依仗财势鱼肉贫弱，还敢强辩！""大人……"胡实结结巴巴说不出话来。"青天在上，替小民做主啊！"辽宁匍匐在地，不断磕头。"把本案双方人等带上，回府！"朱熹狠狠转身，打轿回衙。

他一坐上案座，立即拟了文书，把坟地判还给了原告辽宁，并令被告胡实立下

岳麓书院

契约，回家后将坟地租银按年交付原告，按本地乡俗等待下葬七年以后，把新坟的尸骨收拾迁出，交还坟地。胡实回到家里，一文钱也不交，请人写了一张状子，上诉到监司衙门，还把朱熹也告发在案。过了月余，监司把状子批转下来，责令朱熹重新审理。朱熹看了批文后十分恼火，心想：从来只有强欺弱，哪有贫民欺豪强之理！可见胡大户一贯横行霸道，目无乡里，又通融上官，把咱这知府也不放在眼里！人证物证清清楚楚，他还敢不服判决，那还了得！盛怒之下大喝一声："来人！"他下令把胡实拘捕在案，写了通牒："本来谅你父尸未腐，暂不迁移，

岳麓书院古文石刻

只交租钱七年再说。然你不服判决，无理取闹，本府判定，限你三天之内将棺木迁出，地归原主，若敢违抗，本府派人代为迁葬，并判你以徒刑！"胡实这下吓呆了，只好遵命。

迁坟那一天，乡里围观的人很多。朱熹觉得做了一件大事，也想去看看那胡某人低头伏法的情景，再听听那些百姓对本案的赞颂。他穿了便服，化装成老态龙钟的百姓，混在围观的人当中。谁知有人在窃窃私议："什么圣贤，连小人奸诈的事也无从洞察！""哎，莫说为妙，免得惹祸。"朱熹的耳根都发麻了，怎么百姓中

还有人护着胡大户？他看到路旁有个卖茶水的老翁，便走过来买了一碗茶，搭讪说："嗬，这是何等人家，有此福分得到这样的风水宝地！"老翁摇摇头叹了一口气："坟地虽好，却荫不了这家人。""这是怎么回事？""反正我是早晚要死的人了。说了，你可不要张扬出去啊！这坟地，从老朽懂事起，就是胡家的一片荒野。最近听说有个无赖耍了骗术，竟骗过了知府老爷，你说怪不怪？""怎么能骗得了知府老爷？""这得从头说起，上月我的老伴死了，请一位打石工给打个墓碑。谈工钱的时候，我嫌他太贵，他说：哼！这算什么价钱？年头我打过一方墓碑，十倍

**为官几多事**

价钱哩。我问他什么大墓，他说，比你这还小，是补打的，就是补打一个死了几十年的人的青石墓碑。墓碑打好以后，不竖不立，只要帮他埋在一块荒地里，就能拿十倍工钱。后来才知道，这青石碑是打官司用的，一块青石碑钓回来一块宝地！我听打石工这么一说，才知圣贤也有做错事的时日啊！"朱熹听了头脑嗡嗡作响，一不留神手头松了，茶碗摔了个粉碎。他惊觉过来，拉住老翁问："那打石工住在哪儿！""这，这，我不好告诉你……""你

孔庙国子监

理学集大成者———朱熹

不说！"朱熹亮出印符，说，"我要处你个知情不报！""哎哟老爷呀，我说，我说，他住在大后山山下的路口，是座小竹棚。"

朱熹听完后立即令迁坟的人停工待命，三步并作两步回到衙门，差人火速前往大后山，把那个打石匠传来。打石匠上了堂，听到两班衙役一片"威武——"的宣威声，吓得屁滚尿流，问什么答什么，于是就把某人要他打墓碑，半夜三更埋在野外的事一一说了，并在口供上画了押。朱熹又把原告辽宁传来，将打石工的口供展示在他眼前，怒目瞪视，大喝一声："大胆刁民，竟敢戏弄本官，还不从实招来！"辽宁吓得面无血色，

孔庙大成殿

那削尖的脑袋往地上磕了几个响头，哆哆嗦嗦地把前因后果全部招认了。他画了押后说："这是看到老爷办案常常锄强扶弱，便钻了这个空子……"朱熹一听悔疚难言，深感天下之大，各有深浅，办一件事不能先带框框，坠入套套。于是他把奸徒辽宁判了个诬告之罪，把地改还给胡大户。朱熹办完此案后深深自责，发誓不再为官。不久，他辞去官职，回到老家，著书授业，直至终年。

四　朱子家训传后世

孔庙国子监孔子文化展古籍陈列

南宋中期，金、蒙南侵，赋税苛重，百姓怨声载道，民族危机深重，加之儒家衰弱，佛、道盛行以及封建统治者的腐朽，致使纲常破坏，礼教废弛，官场贪风日盛，道德沦丧，人们精神空虚，理想失落，社会动荡不安。为了稳定国家秩序，加强家庭和社会的凝聚力，拯救社稷，拯救国家，朱熹以弘扬理学为己任，倡导以"存天理、去人欲"为内容的道德修养，去重整伦理纲常、道德规范，重建价值理想、精神家园。朱熹《家训》正是在这样的背景下产生的。它虽然成文于八百多年前，但其内容所放射的理性光芒，向世人展示了中华民族的优秀道德文明和深厚文化底蕴。

## （一）倡导家庭亲睦

家庭自古以来就是社会的基本细胞。对每个人来说，家庭是人生的起点，也是休息和生活的港湾。上至社会名流，下至平民百姓，事业成功的背后，都离不开家庭的支持和帮助，营造一个温馨的家，创造和睦的家庭生活，无论是过去还是将来，都是人们追求的亘古不变的目标。而朱熹的《家训》为实现这样的目标提供了一个理论上的指南。

首先，《家训》要求父母对子女要"慈""教"。他认为"父之所贵者，慈也"。所谓"慈"，即父母要疼爱子女。大学之道在于止于至善，

朱熹像

朱子家训传后世

父母对子女的爱必须是至善的爱。但是父母对子女千万不可溺爱，溺爱是害。如果子孙不肖，对其放纵是不行的，所以朱熹指出："子孙不可不教也"。特别是当代社会的独生子女问题，他们被父母乃至爷爷奶奶视为掌上明珠，并一味迁就、百般疼爱，养成了孩子唯我独尊、任性的性格，根本不讲长幼之序，不懂礼貌，什么事都由着他，犯了过错也不指教，在家庭里称"老大"。这种性格的养成，会给孩子的成长带来许多负面影响。因此，父母在对子女倾注慈爱的同时，还要加强对孩子的管教。

人在孩童时期，神情未定，可塑性大，要

朱熹《城南唱和诗卷》

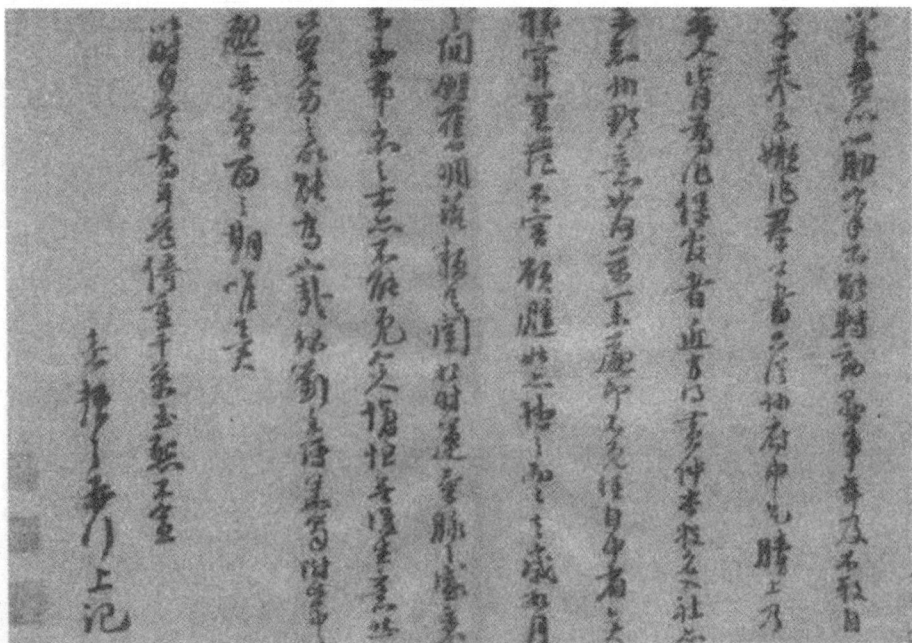

抓紧这个有利时机给予教育，使其懂得礼义，懂得如何做人的道理。

其次，《家训》要求子女对父母要"孝"。"子之所贵者，孝也。"所谓"孝"，是指子女要善待父母，父母在世，子女要奉养、尊重，父母死后要葬之以礼，祭之以礼。朱熹强调的"孝"是真心实意的孝，是子女为报答父母养育之恩而心甘情愿地付出。父母辛辛苦苦将子女养大，在子女身上倾注了无数无私的爱，而作为子女，一旦独立就应当主动承担赡养父母的任务，使其安度晚年，不仅在物质上关心父母，更应在精神上关心父母，在父母面前要和颜悦色，平常要多问寒问暖，问疾问安等。同时，子女要善其本身，不要让父母"讨气"，特别是要杜绝不孝的事情发生，如懒惰、赌博、斗殴等。

第三，《家训》要求夫妻关系要和睦。夫妻关系是家庭的核心与基石。"夫之所贵者，和也；妇之所贵者，柔也"。夫和妇柔是夫妻相爱的关键。所谓"和"，即当有喜、怒、哀、乐表现出来时，不走极端，保持心平气和的理智。所谓"柔"，即柔

朱熹书法作品

顺温和。夫和妇柔，就会相亲相爱，夫妻出现矛盾就会很容易化解。

第四，朱熹《家训》强调兄弟之间要友爱。兄弟之间不能因为一些小事而反目成仇，骨肉相残，大动干戈。他指出"兄之所贵者，友也；弟之所贵者，恭也"。所谓"友"，就是要友爱，互相帮助，患难与共。"恭"则是指尊敬、谦恭。"友""恭"是兄弟姐妹之间团结的根基，如果连自己的同胞手足都不友爱、不团结，何谈友爱、团结其他人呢？

总之，《家训》从"慈、教、孝、友、

《尚书蔡传》

恭、和、柔"诸方面出发，对父子、兄弟、夫妻之间的伦理道德关系做了重要论述，指出每个人在家庭中应尽的道德义务和相应的角色义务，构建了彼此关怀、相亲和睦的理想家庭图景。这些合理的思想在长期的社会实践中，对维护和巩固家庭关系发挥了重要作用。即使在今天，对我们每个家庭都具有十分重要的指导意义。

## （二）倡导人际和谐

从社会发展的终极目标来看，人类追求的是一个和谐美满的社会，它要求人与自然、人与人之间达到一种和谐统一，这与朱熹在《家训》中所推崇的为人处世之道有着极为相似之处。朱熹在文中特别强

白鹿洞书院内景

理学集大成者———朱熹

调，在人际交往过程中，要坚持从自己做起，从我做起，即要努力做到"慎勿谈人之短，切勿矜己之长"。在与人交往中，不要随便揭人的短处，背后说人家的坏话，伤害别人的感情，也不要因为自己有所长或工作有了成绩，就自我夸耀而瞧不起别人，为人应当保持谦逊的本色，切不可骄傲自大，目中无人。当与人发生冲突时，解决矛盾的方法则是"仇者以义解之，怨者以直报之"，仇恨自己的人要用情谊来化解，怨恨自己的人要用诚心去回报，用平静的心态、平和的方式去化解矛盾，切不可以仇报仇、以怨还怨，无论在什么环境下与人发生不愉快的事，都要做到"随遇而安之"，不能为一点小事就记恨在心，争个你高我低，甚至出口伤人，拳脚相见。在与人交往中，要做到"人有小过，含容而忍之；人有大过，以理而谕之"，要学会理解和宽容，别人有小的过错要用宽容的态度对待之，别人有大的错误，也要做好思想工作，以理服人，用道理使他明白错误，促其改正。朱熹在《家训》中还强调指出，"事师长贵乎礼也，交朋友贵于信也"，"见老者，敬之，见幼者，爱之"。侍奉师长应当有礼貌，对待朋友要讲信义，遇见长者，

万事孝为先

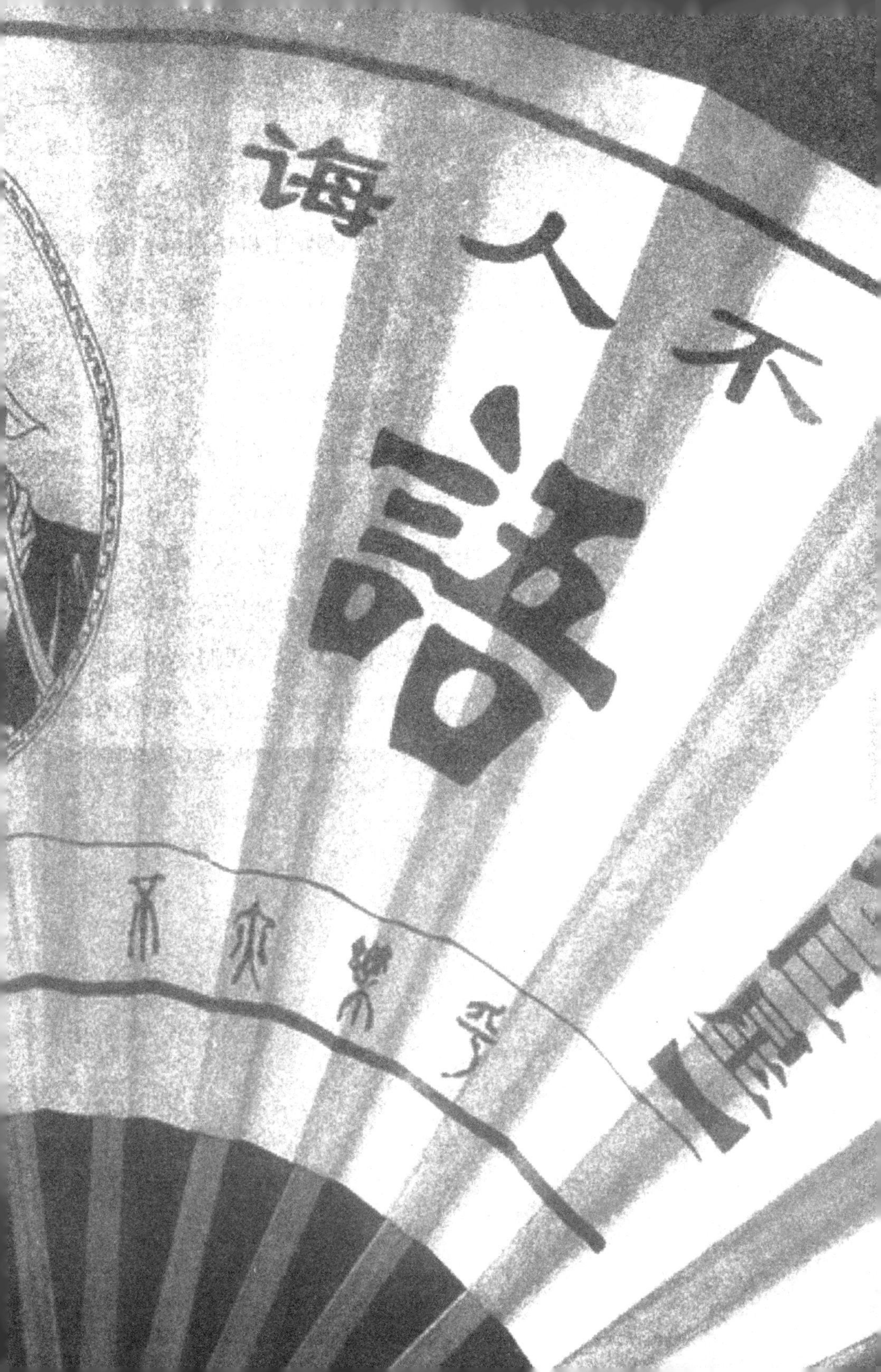
诲人不

应当尊重，看见小孩，应当爱护。做到"处事无私仇"，"勿称忿而报横逆，勿非礼而害物命"。人们无论贵贱贫富、年龄大小、高矮胖瘦，都要和谐相处。社会上的每个人如果都能这样做，那么就会建立一个和谐、文明、进步的社会。

## （三）倡导重德修身

倡导重德修身是朱熹《家训》的又一重要思想。他在《家训》中指出："有德者虽年下于我，我必尊之；不肖者，虽年高于我，我必远之。"从中可以看出朱熹对德的重视程度，这与我们今天所倡导的"以德为首"的教育思想有着惊人的相似

北京国子监

理学集大成者———朱熹

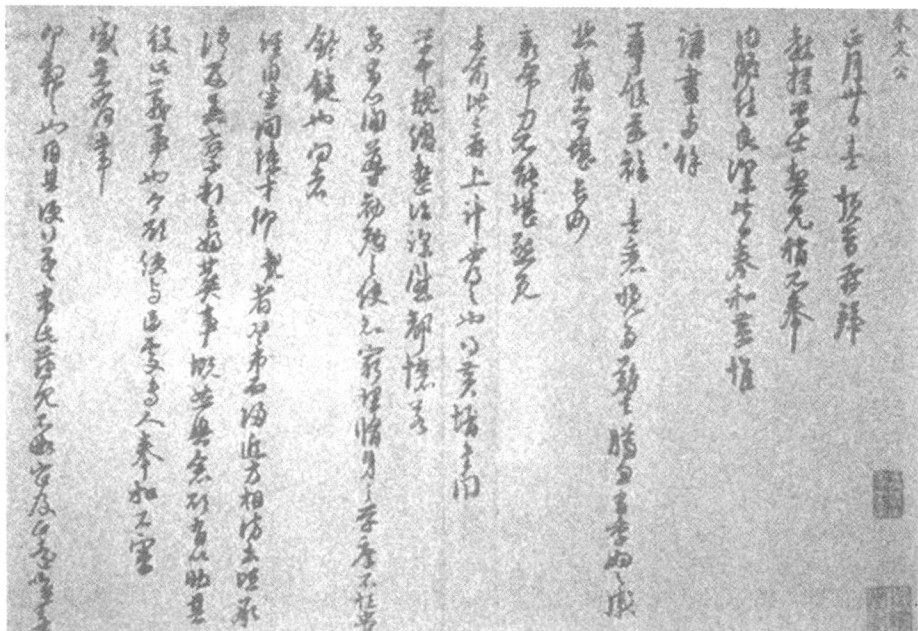

朱熹书法作品

之处。在朱熹看来，重视道德修身就同"衣服之于身体，饮食之于口腹，不可一日无也，不可不慎哉！"他还就如何重德修身提出了许多深含哲理的见解。他认为"人有恶，则掩之；人有善，则扬之"。这句话是指对别人善恶行为所持的态度，对行恶的人要抑制，对行善的人要宣传表扬。他还进一步指出："勿以善小而不为，勿以恶小而为之。"其意思是指善事即使很小也要积极去做，恶事多么小也不能为之。不要以为自己曾经做过善事而忽视小恶，就不拘小节。忽视小恶，任其存在和发展，就会变成大恶。不拘小节也会发展至变节；注意小节，细心修养，才

岳麓书院一景

能达到高风亮节。朱熹还认为，善心和恶念不可能同时存在于一个人的心灵河流中，人之所以有善恶之别，只是各自内心所禀的气有清浊厚薄之分，内心禀清气厚者，为善的可能性大，禀清气薄者，为恶的可能性大。

朱熹还进一步指出修炼清气的要诀："诗书不可不读，礼义不可不知。"诗书是指"圣贤"之书，如《诗》《书》《礼》《乐》《易》《春秋》等儒家典籍。礼义是指"孝悌诚敬"，是说为什么要孝敬老人，诚实做人。他认为，读"圣书"才可以修德，识礼义才可以养气。人因读书而美丽，人因识礼而高雅。读书是文化教育，识礼是素质教育，读书识礼，二者不可偏废。朱熹在《家训》中还指出："勿损人而利己""不义之财勿取，遇合理之事则从"，进一步阐述了做人的行为准则。在价值取向上，坚持以民为本，取利时决不能为个人利益而损害人民利益，也不能为了个人利益而违法损德，当个人利益与人民利益相冲突时，应当顺着人民的利益。在此基础上，朱熹进一步拓展了重德修身的外延，他指出："斯文不可不敬，患难不可不扶。守我之分者，礼也。"他认为，对有知识素养的人要敬重，对有困难的人要帮助，这些都是做人的本分。

岳麓书院外景

**朱子家训传后世**

从《朱子家训》中可以看出朱熹的淳朴善良

## （四）朱熹的淳朴与善良

从《朱熹家训》中看出，朱熹是位淳朴善良的人。他不仅在家庭亲睦、人际和谐、重德修身等方面为我们作了理论上的精辟论述，而且在行动上也为后人提供了精神指向。朱熹对父母的孝，感人至深。他少年失父，与母亲相依为命。40岁时母亲不幸病故，为守孝道，他筑寒泉精舍（又名方谷书院）于墓旁，在此著书立说，讲学授徒，直到守墓追孝三年期满。朱熹对妻子的情感也可谓感人至深。就在他临终前还抱着病体，咬紧牙关，握笔为亡妻刘

朱熹《朱子家训》

清四写下一篇表达他至死不忘夫妻情的《墓祭文》："岁序流易，雨露既濡，念尔音容，永隔泉壤。一觞之酹，病不能亲，谅尔有知，尚识予意。"可见其真情挚爱溢于文中。朱熹在教育子女方面也留下许多佳话。朱熹长子朱塾顽皮贪玩，朱熹唯恐朱塾在家不专心，耽误学业，便送他千里从师，远赴婺州金华县（今浙江金华市）拜吕祖谦为师。临别前，朱熹还写下《训子从学帖》交付朱塾，帖中从日常生活小事到具体待人接物无不悉数训诫。可谓爱而有教，慈而施爱。有一次，朱熹到女婿黄干家中，黄干在外任职，其女朱兑因家贫只能以葱汤麦饭招待久而不见的老父，心中实感内疚。朱熹知道女儿的心思，笑着对女儿说："我儿切莫介意，这菜肴不同一般，可称美味可口。"吃罢饭，朱熹走进书房，铺开宣纸，饱蘸浓墨，挥笔写下一首诗："葱汤麦饭两相宜，葱补丹田麦疗饥。莫道此中滋味薄，前村还有未炊时。"女儿朱兑看过慈父这首诗，脸上顿露宽慰的笑容。后来这首诗成为黄氏家训，流芳于世。朱熹在交友上，无论是志同道合的同仁，还是水火不相容的论敌，"举凡士子儒生、骚人墨客、羽士释子、田夫野老"，只要是有德者，都能视为知己。

朱熹《朱子家训》

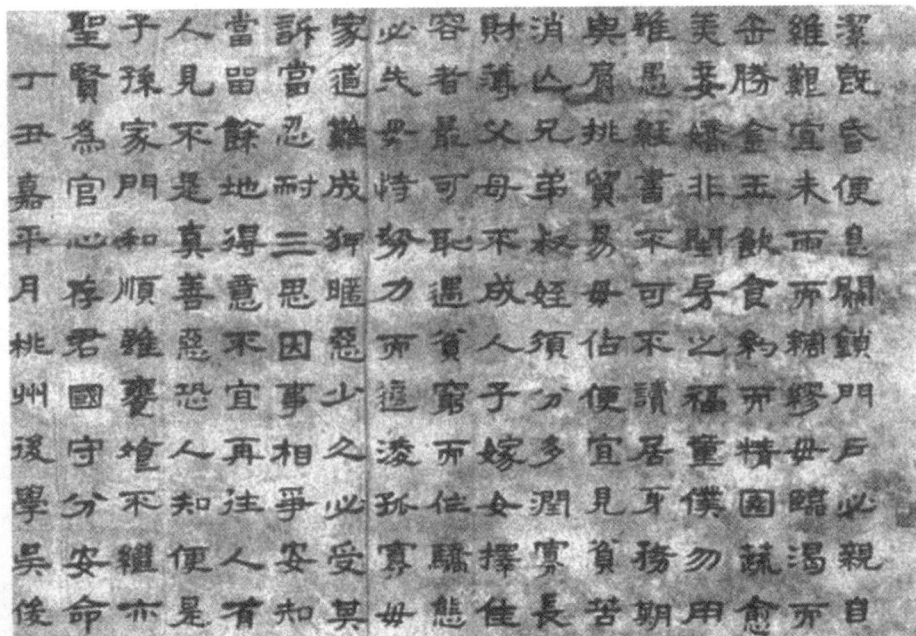

白鹿洞书院朱熹像

他的学生回忆说，朱熹"待野叟樵夫，如接宾客，略无分毫畦町"。他在任职浙东提举时官居五品，理学永康学派的陈亮仅为布衣，找上门来围绕"王霸义利"一辩便是十天，在后来十多年的岁月里，两人书信往来，由论敌结为挚友。朱熹一生淡泊名利，安守清贫，从不妄取不义之财。他一生生活不幸，幼年失父，中年丧偶，幼女夭折，胞妹早逝，晚年失子，生活相当贫困，其斋舍无以避风雨，赵汝愚悯其贫，欲为其盖房屋。他婉言谢绝曰："此是私家斋舍，不当烦官司。"赵又怜其穷，愿从自己的俸禄中取一二周济之，也被朱熹连连辞谢。朱熹对他人惠赠的

孔庙国子监曰晷

财物，于法有碍，一概以礼谢绝，然而与亲友的礼尚往来，却又慷慨相赠。吕祖谦妻故，陆游子亡，他都倾囊相助、全力帮扶。由于朱熹长期生活在农村，深知民众疾苦，从小心中就蕴藏着帮贫救困、忧世恤民的思想。朱熹为官时间不多，总揽仕历，按到职实算，为官方逾七年（任同安县主簿三年、任江西南康军两年、任提举浙东常平盐公事九个月，任知漳州一年、任知潭州兼湖南路安抚使两月余、任焕章阁侍讲四十六天）。朱熹为官内每到一处，极度重视农政，他重农桑，兴水利，正经界，轻赋敛，惩贪官，治豪强，真正是做到了"一枝一叶总关情"。

五 朱熹趣闻

## （一）"信者有，不信者无"的鬼狐之说

据说宋时，朱熹有一天晚上注《四书》时，准备挑灯铺纸执笔做《无鬼论》，因他是个大贤哲，不信鬼神，鬼神也怕它。在注"鬼神之为德，其信矣乎"。便觉孔圣人说得太过了，不仅以为鬼不能与神比，而且相信世上根本没有鬼。他要说无鬼，鬼便不能够再生存。鬼得知此信，便恐慌地集会商量，结果派一个能干的鬼去哀求朱夫子，请他不要作《无鬼论》。

鬼至后，即叩头作揖，祈夫子笔下留情。

庐山风光

然朱夫子拍案而起，骂道："何方怪物，敢来深夜扰我，我可不怕鬼也。"鬼回答："我的确是鬼。"并说明来意，朱熹痛斥道："你们在人间作祟数千年难道还不甘灭亡吗？人鬼阴阳隔世，你有所求，我怎能相助？"因鬼花言巧语，鬼话连篇，朱熹故以自身验证鬼的存在后，为免除鬼的纠缠，就在《无鬼论》的题目之下，按鬼的要求写下了"信者有，不信者无"七个字。

敖江流经小沧，有一个村庄名呼"七里村"。相传七里村的得名与朱熹有着不解之缘。光宗年间，朱熹的理学被朝廷宣布为"伪学"，为防不测，朱熹隐姓埋名，避居于小

朱熹趣闻

沧附近的七里村，埋头著书立说。朱熹钦慕屈原忠君爱国之诚心，又感于年代相隔久远，人们对《楚辞》疏淡。他低吟着《哀郢》中的尾句"曼余目以流观兮。冀壹反之何时？鸟飞反故乡兮，狐死必首丘。信非吾罪而弃逐兮，何日夜而忘之？"朱熹呵开冻笔叹道："世人皆谓狐狸性狡诈而多疑，唯屈公能力排众议，谓狐至死不忘其本，狐若有灵，当引屈公属千古知音也。"于是写道："首丘，谓以首枕丘而死，不忘其所自生也。《礼》曰：大鸟兽表其群匹。越月喻时，则必反巡，过其故乡。又曰：'乐，乐其所自生。礼，不忘其本。古人有言：狐死，正首丘，仁也。'"刚写完，忽觉全身暖融融的，如沐春日，如披重裘。朱熹欣喜异常，不禁手舞足蹈起来，这才发现脚后跟有个毛茸茸的东西。举灯一照，原来桌下偎伏着一只狐狸。此后，每当更深夜静，小狐便偎于桌下为他暖脚。朱熹也浑身舒畅，文思泉涌，三个月时间书稿积案盈箱，八卷本《楚辞集卒》完稿。不觉冬尽春来，满眼春光明媚。一天深夜，忽闻嘤嘤啜泣之声，小狐拜立脚下"从此与先生永诀矣！"朱熹愕然问故。答曰："旧巢为强獾所占，明日举家迁移矣。"朱熹泪流满面，

庐山三叠泉

提笔草就一篇《凄狸赋》，读来声泪俱出，就灯下焚之。次日，朱熹凄凄惶惶地离开了七里村。那"凄狸"与"七里"谐音，因朱熹在该村注过经，与狐结缘，于是"七里"便成为此村的名称了。

## （二）"天光云影共徘徊"的文臣墨客

"神笔镇流"：朱熹来到永春，走访一些书友，"昼则联车出游，夜则对榻论诗"，颇可相得。一日来到蓬壶高丽的林氏祖宇，得山川钟毓之秀，堪称幽胜，只见千峰凝翠，万木吐绿，山深林密，树木葱茏，一时兴起，即索纸笔，题字以赠。山间竹纸算是现成，就是没有大笔。俗话说"刀钝出利手"，朱熹即以茅草临时扎成，当场书写"居敬"二字赠之。乡老争相传诵圣人留下的金字，并以楠木作匾，镌之以作纪念。当金匾悬挂祖宇厅堂之后，即将这根茅笔置于匾后，以示子孙，久之辄发毫光，初耐颇感奇特，久之不以为意。到了清代康熙年间，骆起明任永春知县之时，下乡劝农来到蓬壶，即有传闻朱熹茅笔题字之事，就乘舆前往高丽谒见林氏祖字，只见"居敬"微尘不染，索笔觇之，如获拱璧，时过四百余载，仍保护完好。经乡人同意后收在身边赏玩，

庐山三叠泉小溪

用香囊盛之，锦缎裹之，并作为传世之宝珍藏之。康熙十年任满晋省过乌龙江，一时风浪大作，翻江倒海，轻舟上颠下簸，真有覆舟之险。同舟之人认为是妖邪作祟，争求宝物以压邪，骆起明行装内仅有书籍数筐，别无珍宝。最后乃以朱熹茅笔掷之江中，说来也怪，一时风平浪静，众人誉之为神笔。

"齐齐松"：到过岱山岩的人，都为这里的胜景留连忘返。岱山岩，俗名大山岩，在一都仙友岱山山阿处，岱山于崇山峻岭中拔地而起，矗立半天，奇石峥嵘，巍峨壮观，苍松滴翠，杂树丛生，山青水碧，景色迷人。

朱熹趣闻

武夷山风景

胜景殊多，犹以岩前的齐齐松最为著名。相传朱熹走访陈光之时，来到岱山岩，颇受一都士子陈文义的热情款待。陈文义出身书香门第，经史子集也略知一二，就是无意功名。朱熹和陈光都非常器重这个山乡秀才，每日品茗论诗，文义都乐于解囊，特别是朱熹假岱山岩修纂《四书章句》等著作时，文义给了很大的帮忙，因此成为莫逆之交。一日朱熹正在注释《论语》，文义要告辞下山，朱熹送他到山门前，一直目送他上了大路，却被一片高大挺拔的松树林遮住了视线，朱熹怒不可遏，就将手中大笔一挥，"你这些松树长到这样高

就很不错了"。说来奇怪，第二天松树林便出现了奇迹，高大挺拔的松树不见了，而是长得一样高，一样整齐。后人称这个奇景为"齐齐松"。朱熹在岱山岩日子长了，当然也发挥了书法的专长，他把岱山岩更名"铁峰岩"，并亲自题了匾额；他又为护界亭题写了"月蓬第一峰"的匾额。

"裂石箭竹"：岱山岩的地理位置本来就得天独厚了，坐北朝南，伫立岩前，尽览云山。只见天湖九十九峰逶迤舒展，薄云轻纱，更增添无限春色。夜半松涛，有如万马奔腾，其韵律时如丝竹，时如狂

武夷书院朱熹像

朱熹趣闻

武夷书院内景

飙。朱熹在这里久了，倒也习惯了。眼见胜景层层，无不引人入胜。岩下磐石上竟长起了百仞高的巨松，谁也不敢相信它竟是经历了无数个世纪而延续至今的。珠树阁的建立，是因为岩前珠树果实累累，好就好在扬花季节，它把芳香播送遐迩，这是岱山岩又一胜景。当然还有九十九个和尚的僧舍、维护岩宇安全的护界亭，别有一格的文昌阁。但是这些再好再奇也比不上"裂石箭竹"。原来岩宇的大雄宝殿门前，有左右两尊巨石。右为石鼓，左为石钟，分别就位，各司其职。一日，朱熹从大殿中出来，猛然听到石钟声响超过石鼓，认为这是反常现象。鼓者，催人向前上进；钟者，鸣金也，叫人退缩。因此大发雷霆，于是大笔一挥，石钟裂成两半，声响也沙哑了。裂石处一棵嫩笋破土而出，挺拔向上，逐渐长高，高出石钟外，享受着那无尽的阳光雨露。如今它们已长成坚硬挺直的箭竹，代代不衰。

"朱熹路过山下村"：敖江北岸山下村，人烟稠密，阡陌纵横。早在宋代就以物阜田丰、交通便利、商旅辐辏络绎不绝而名闻四乡。北来南往的客人无不在山下村歇

武夷书院内景

马停轿，休息打尖，天明又匆匆上路。相传，理学宗师朱熹为避"伪学"之祸，路过山下村。那日骄阳当空，盛暑难耐，朱熹走得口干舌燥，双脚发软，瞥见路口开一间茶馆，忙走进茶馆坐在板凳上、呼哧呼哧直喘气。这茶馆旁边有一棵大榕树，枝干苍虬，绿叶如盖，清风飒然，令人神清气爽，确实是纳凉的好地方。朱熹口啜香茗，开襟纳凉，浑身舒坦，连日的困顿疲劳消除了大半。茶馆主人是个年近半百的妇女，膝下仅有一个八九岁的男孩，是她在下山路上生的，取名"下山"。这下山自幼好学，终日手不释卷，朱熹既是一代大儒，自然喜的是读书郎，爱的是栋梁

古紫阳书院牌坊

材。他沉吟一会儿，从身上摸出一枚通宝，笑着吩咐道："替我办九样下酒菜来。"女主人接铜钱在手，心里七上八下：不办吧，得罪了客官；办吧，区区一枚铜钱如何端出九碗菜？怔怔地愣在那里，脚像生了根似的提不起，走不动。下山见母亲受窘，抓起铜钱说："阿奶，我有办法！"下山如飞般地窜出茶馆，不一会儿，只见他提着一把韭菜眉开笑眼地站在朱熹面前。朱熹见状，忙把下山搂在怀里，抖动着花白胡须，高兴地流出泪水。原来，"韭"与"九"同音，朱熹醉翁之意不在酒；在乎验证下山的才学。不料聪慧的下山即刻猜中了哑谜，怎不使朱熹兴奋激动呢？朱熹在茶馆住了一夜，第二天便带走了下山，悉心教授。那下山不负师教，高中进士，官拜两浙路提点刑狱。下山官高爵显，举家北迁都城临安。他为感激朱熹的提携教诲之恩，在茶馆原地修起一座"朱子祠"，内供朱熹牌位。春秋两季，乡人顶礼膜拜，遗迹至今尚存。传说朱熹在山下住过的茶馆蚊虫绝踪是下山母子当晚用艾草熏燃的结果。这艾草因被朱熹步履踏过，被乡民称为"步步香"。

　　"贵安村传奇"：敖江上游潘溪贵安村素以温泉出名，傅说这贵安村的得名与朱熹有关。那时理学大师朱熹以道德文章名震朝野，引起宰相韩侂胄忌妒，诬蔑朱熹理学为"伪学"。昏庸的光宗皇帝听信韩侂胄的谗言后，下旨他罢削朱熹官职。韩侂胄怕朱熹东山再起，于是派兵去捉拿朱熹。幸得门生报风，朱熹才安然出逃。那一日，朱熹从三山北岭高一脚、低一脚地到贵安村，韩侂胄

孔庙和国子监博物馆

率兵紧追而至。贵安村村民早闻朱熹贤名，把他扶进祠堂里藏了起来。古时潘溪中盛产鳜鱼，唐朝诗人张志和在《渔歌子》中咏道："西塞山前白鹭飞，桃花流水鳜鱼肥。"鳜鱼由此身价倍增，成为达官贵人席上佳肴。说也奇怪，官兵刚到村口，那溪中鳜鱼喋喋鼓浪而至，一群群，一堆堆，纷纷跳跃出水面。官兵见状大喜，顿时忘记捉拿"钦犯"，争着到溪边抓取鳜鱼，官兵饱餐一顿后，见日已西斜，只好赶在天黑之前上路回三山城。朱熹安然脱险，是夜，月上东山，光华如练，村中诸老在江滨置酒为朱熹压惊。宾主觥筹交错，欣赏着江月交辉的美景。朱熹感激父老盛情款待，愈发狂饮不已，喝得酩酊大醉，加上连日劳累，躺在沙滩上呼呼酣睡。这可把诸老急坏了，春寒料峭，夜风习习，朱老夫子要是冻出病来可怎么办？可是，朱熹一夜酣睡，日上三竿方徐徐睁眼，精神矍铄，身骨硬朗，似乎比往日年轻了十岁，诸老一颗悬着的心才落了地。朱老夫子为何不怕寒冷呢？村民发现朱

武夷山天游峰天游观

朱熹趣闻

武夷山虎啸岩景区天成禅院

熹躺过的地方冒出了一股清泉，晶莹清澈。热气蒸腾，这就是远近闻名的贵安温泉。据说鳜鱼保护了朱熹，而朱熹又贵为一代理学宗师。"鳜"与"贵"谐音，于是溪边这座不知名的村落取名为"贵安"村了。

# 六 与武夷山的渊源

位于中国福建南部山区的武夷山国家旅游风景区闻名遐迩，不仅有着丰富多样的自然生态资源和独树一帜的风光美景，而且它所蕴涵的灿烂悠久的历史文化积淀同样名扬四海，其中便记载下了著名理学大师朱熹的点点滴滴。

## （一）五夫镇

地处崇山峻岭之中的五夫镇方圆一百七十多平方公里，这个看起来并不起眼的山村小镇早在宋代时就已经十分繁荣，是名人学者云集之地。特别让人惊奇的是，八百多年前，一代理学宗师朱熹就是在五夫苦读成名，并在这里著书办学，生活了四十多年。今天，五夫镇还保留着记载朱

五夫镇

熹当年生活经历的紫阳楼遗址、屏山书院遗
址和五夫社仓等许多珍贵文物。

朱熹的祖籍在江西的徽州婺源，出生在
三明的尤溪。14岁时，他的父亲病得非常
严重，临终时把朱熹托孤给了五夫的胡、刘
两家。这胡、刘两家当时都是名门望族，在
朱熹的成长成才过程中作了很大贡献。刘子
翚教他学《易经》，教他学儒学，做他师傅；
胡宪也是湖湘学派的代表人物，朱熹的三大
老师之一。朱熹14岁到五夫，63岁因为庆
元党禁等种种原因，离开了五夫到建阳的考
亭。他17岁在这里考上举人，19岁考上进士，
48岁整个朱子理学就已经成熟了，所以这

紫阳楼俯视

武夷山紫阳楼庭院一景

理学集大成者———朱熹

武夷山紫阳楼

里是他发扬朱子理学的大本营。

　　在绿树婆娑的五夫屏山脚下，一座五开间的院落格外古朴典雅，这就是朱熹的故居紫阳楼。1144 年，朱熹母子来到五夫，朱熹父亲在五夫的好友特地为他们建造了这座房子，朱熹一直在紫阳楼居住到了晚年。紫阳楼是朱熹以祖籍地江西婺源的紫阳山命名的。紫阳楼又名紫阳书堂、紫阳书室，楼内除了布局十分灵巧以外，给人的最大感受是浓郁的文化气息。走进楼内，四处可见悬挂的"朱子四大家训""慎终追远"等匾额及"正气""四季读书诗"等真迹拓片，这些都是朱熹当年手书留传下来的，它们有的气

《紫阳楼记》石刻

势恢弘，有的悠然洒脱，但是字里行间既反映出朱熹治家、治学的严谨态度，也表达了朱熹达观积极的人生追求。楼内还挂有一幅朱熹画像，是朱熹晚年对着镜子给自己画的，虽然年代久远，但笔墨线条至今依然十分清晰。而对后人影响最为深远的是紫阳楼正厅墙壁上悬挂着的四幅条屏。四条屏是朱子四大家训："读书起家之本，和顺齐家之本，循礼保家之本，勤俭治家之本。"紫阳楼四周古树参天，修竹成林，屋前有一方荷花池塘，相传朱熹那首著名的《观书有感》就是在池塘边苦读时，触动灵感，信手写就的。

距离紫阳楼不远处的五夫兴贤古街，

武夷山紫阳书院

紫阳楼一景

兴贤书院

儒家三字经陈列

有一座八百多年前遗留下来的书院——兴贤书院。史书记载兴贤书院建于南宋孝宗年间，为纪念理学先贤胡宪而构筑，朱熹学有所成后，曾经在这里讲授理学。兴贤书院门牌高耸，构筑精巧，造型古朴，全部建筑共分三进，前进为正堂，二进为书院，正进为文昌阁。书院厅堂及高墙上有朱熹手书笔力苍劲的"继往开来""登高衔远"等匾额，其一砖一瓦，都渗透着一股浓郁的文化气息。

朱子巷记载了朱熹在五夫的又一独特生活轨迹。这是一条现仅存138米的小巷子，路面全用鹅卵石铺成，两侧都是古屋高墙。相传朱熹无论是幼时上学，还是成年后到书院讲学，每次外出都要经过这条小巷，不知曾有多少玄理妙思从窄巷涌出。已有近千年历史的兴贤古街，牌坊林立，石坊门上镌刻着"紫阳流风""邹鲁渊源"等历史名人手书的匾额。据说这里几乎每家都挂着朱子的"四大之本"，即"读书起家之本、和顺齐家之本、循理保家之本、勤俭治家之本"，不少人家里还挂着朱熹的画像。

山清水秀的五夫哺育了一代理学大师

朱熹，但在世世代代的五夫百姓眼中，朱熹是他们的教书先生，他创办的书院使这里书声琅琅，他生活的足迹教会这里知书达理；在《朱子家训》的熏陶下，也使这里的人们更加勤劳善良、民风淳朴。

## （二）五曲之武夷精舍

朱熹在武夷山近五十年的生涯中，有八年光阴是在武夷山的五曲隐屏峰下度过的。朱熹曾经多次带领门生弟子到九曲溪畅游，早就看中了五曲这个地方。尽管他在这里感到了一种归隐田园、"爱得我所"的欣慰，但他并不想做一个真正的田园诗人或者隐士，而是要成为一个以倡道为己任的"夫

武夷精舍

子"、"圣人"。南宋淳熙十年，也就是公元1183年，54岁的朱熹辞官回到武夷山，在山中五曲隐屏峰下，带领他的弟子荷锄挑担、搬瓦垒石，在五曲边的一片平旷之地上营建了一座被称为"武夷之巨观"的书院——武夷精舍。朱熹在这里继续进行著述、讲学活动。

武夷精舍建成时，设有房屋三间，中间是供讲学用的仁智堂，左右边分别设有供休息的隐求室和接待亲友的止倡寮。武夷精舍虽然并不宽敞，但在当年的武夷山堪称一大建筑。武夷精舍落成后，各地的求学者源源不断地汇集到了武夷山。朱熹

武夷书院外景

理学集大成者———朱熹

武当山古建筑

在武夷精舍八年，培养了一大批知名学者。在朱熹的学生中包括了三教九流中人，既有布衣寒士，也有富家子弟，还有很多人抛弃了功名、家业，千里迢迢地来到武夷精舍学习。当时有个福州闽县的士子叫黄干，早年为了求学于朱熹，曾冒着大雪在五夫苦等了两个月。武夷精舍落成后，他就在精舍中刻苦攻读，经常衣不解带，通宵达旦，最终成为朱熹的四大传人之一。

朱熹逝世之后，武夷精舍备受封建统治者的重视，历代都曾加以修建。南宋末年，经扩建后称为紫阳书院。2002年，武夷山景区管委会投资五百多万元重建紫阳书院，并

与武夷山的渊源

武夷山风光

于 2003 年 12 月正式对外开放。占地一万多平方米的紫阳书院建筑雄伟壮观，而且还保留了原有的风格面貌。现在，在紫阳书院里还精心保存着两堵二十多米长的土墙，这两堵墙是清朝康熙年间最后一次修缮的，时为公元 1717 年，到现在有将近二百多年的历史，也就是说书院建成以后，元明清历代都在不停地修缮。